FISH!®

フィッシュ!

アップデート版

鮮度100%
ぴちぴちオフィスのつくり方

スティーヴン・C・ランディン
ハリー・ポール＆ジョン・クリステンセン
相原真理子・石垣賀子訳

早川書房

フィッシュ！〔アップデート版〕

――鮮度100％　ぴちぴちオフィスのつくり方

FISH!

A Proven Way to Boost Morale and Improve Results

by

Stephen C. Lundin, PhD, Harry Paul, and John Christensen

Translated by

Mariko Aihara and Noriko Ishigaki

Published 2021 in Japan by

Hayakawa Publishing, Inc.

This book is published in Japan by

arrangement with

Hachette Books,

an imprint of Perseus Books, LLC,

a subsidiary of Hachette Book Group, Inc., New York, New York, USA.

through Tuttle-Mori Agency, Inc., Tokyo.

装幀／早川書房デザイン室

目次

はじめに

『フィッシュ！』誕生から二〇年をむかえた。

『フィッシュ！　鮮度１００％ぴちぴちオフィスのつくり方』が刊行されたのは二〇〇〇年のこと。以来二〇年にわたり、世界中の企業組織や個人のみなさんが《フィッシュ！》の哲学を活用し、リーダーシップや企業文化、変化、仕事への意欲、仕事に対するエンゲージメント、活気ある職場づくりといった課題の改善に取り組んできた。当初、《フィッシュ！》哲学を取り入れた最高の実例といえば、世界に名だたるシアトルのパイク・プレイス魚市場だった。それがいまは、世界各地の一〇〇カ国以上で数えきれないほどの事例がある。

それで終わりではない。

《フィッシュ！》の活用事例を知りたければ、グーグルやサウスウエスト航空、ザッポスといった企業の例もある。《フィッシュ！》は規模の大小をとわず、公的機関から民間企業まで、ヘルスケアや教育、テクノロジー、サービス業など、実に幅広い業種にわたる組織の文化に多大な影響を与え、モチベーションを引き出している。

《フィッシュ！》を愛する人はこんなふうに言う。「仕事に行かなきゃ、とは思わないね。今日も仕事ができるぞ、という気持ちかな」《フィッシュ！》は働く人が最高の仕事をし、最高の自分でいられる職場づくりをサポートする。それがはかりしれない生産性、創造性、活力を引き出して、収益性をあげるとともに、働く人の定着率を高め、遅刻や欠勤が減る。

講演やワークショップで寄せられたメールやコメントをみると、《フィッシュ！》はあらゆる種類の組織で新たなレベルの成功を引き出しただけでなく、個人が配偶者やパートナー、親や子とよりよい関係を築くきっかけにもなっていることがわかる。成功するかどうかは自分の選択しだいだ。どんな態度をとるかを選び、明るく楽しい気持ちで毎日を生き、互いに注意を向け、一緒にいてうれしいと思ってもらう。わたしたちが直観的にわかっていながらも実践していなかったことを、《フィッシュ!》が教えてくれるのだ。

本のコンセプトは二〇年以上前、パイク・プレイス魚市場で生まれた。魚市場は以来、「楽しく活気にあふれ、成果をあげている組織とはこういう場所」であることを示すたとえとされてきた。パイク・プレイスで魚を売る店員たちは「世界的に有名になる」ことを選び、米国内の小売業のなかでも高い収益をあげる店舗をつくり出した。どのようにしてできたのか? そこにいたるまでの過程は、この本で紹介した言動や哲学に気づき、それを実行に移す道のりだった。この成功例から学ぶべき大事な点がひとつある。シアトルの屋外魚市場で働く店員たちは、楽しく活気にあふれ、成果をあげる職場をつくりあげた。であれば、あなたにもできるのではないだろうか?

これまで、《フィッシュ!》の哲学が人と組織に変化をもたらしたストーリーにふれるたび、わたしたちは大きな充実感を味わってきた。寄せられた体験の多彩さは驚くほどだ。北海の石油採掘施設で《フィッシュ!》が前向きな変化をもたらした、《フィッシュ!》

のおかげで教師がより成果をあげられた、《フィッシュ！》の本が破綻しかけた結婚を救う役割を果たした。そんな声を聞いてきた。

本書は初版刊行から二〇年の年月をへて改訂、加筆した新版だ。ベストセラーとなった『フィッシュ！』に、この二〇年のあいだに《フィッシュ！》哲学がリーダーたちを力づけた新たなエピソードを追加したほか、どんなチームにもあてはめられる《フィッシュ！》哲学の実践ガイドを新たにつけた。これらの新しい事例とツールが、この先も長く、みなさんがより効果的に協力しあって仕事に取り組むヒントになることを願ってやまない。《フィッシュ！》がくれる贈りものは、本書にも研修用のビデオ映像にも貫かれ、何よりも本書を読んでくれるみなさん一人ひとりのなかに息づいてゆく。みなさんのおかげで、「態度を選ぶ」「遊ぶ」「注意を向ける」「人を喜ばせる」の四つの原理が「やる気を引き出し、結果を出す」ことを意味する言葉になったのだ。

感謝をこめて

スティーヴン・C・ランディン
ハリー・ポール
ジョン・クリステンセン

二〇二〇年三月

序文

ケン・ブランチャード博士

『新一分間リーダーシップ』『ケン・ブランチャード　リーダーシップ論』著者

いまあなたが手にしているこの本は、仕事を情熱に変えるとはどういうことかを描いた、普遍的な物語だ。二〇〇〇年の刊行以来、三五の言語で計六〇〇万部が読まれ、ビジネス書として空前のベストセラーの地位を確立した。わたし自身、本書の驚異的なヒットに驚きはない。この本の心ひかれるストーリー、そして大切なことに気づかせてくれるメッセージは、いまの時代にこそますます求められるのではないだろうか。

『フィッシュ！』の中心になるのは、ある会社に勤める管理職の女性が、活気のない職場を楽しくいきいき働ける場所に変えていく物語だ。この物語は、世界に名だたるシアトルのパイク・プレイス魚市場で働く店員たちの取り組みをジョン・クリステンセンがまとめた、すばらしいビデオがもとになっている。魚市場の店員たちは毎日、みごとなまでにお客に心を向け、元気の出る遊びを取り入れて、来る人をあっと言わせ、喜ばせている。世界レベルの顧客サービスのおかげで、パイク・プレイス魚市場は一一〇平方メートルほどの小売店舗としては米国で指折りの利益をあげている。

大人は起きている時間の約七五パーセントを仕事に関連した活動に費やしている。仕事をするための支度をし、仕事場へ行き、仕事をし、仕事のことを考え、仕事を終えたらひと息ついて緊張をほぐす、などだ。それだけの時間を費やすのなら、それを楽しみ、それによってエネルギーがわいてくるのでなければつまらない。それなのに、ほかの必要を満たす交換条件のように仕事に時間をあてている人はあまりにも多い。月曜から働いたあと、「ああ、やっと金曜日になった」という意識の人が依然として多いのだ。

時代を超えたメッセージを伝える本書は、仕事場で互いに相手に注意を向け、楽しむ態度を選び、だれかを喜ばせようとすることによって、幸せで意義のある、充実した毎日がすごせることを明らかにしている。《フィッシュ！》哲学は、組織の大小にかかわらず、そこにいる人が職場でも家でも最善を尽くしたい、いちばんいい自分でいたい、と思える文化をはぐくむ支えになってくれる。

この本は魚を売ることについての本ではなく、ラブストーリーだ。一緒に働く人たちとも共有してほしい。四つの行動原理を実践してみてほしい。情熱、エネルギー、熱意をうまく生かし、それが何であれ自分がしていることを楽しんでみれば、あなたも驚くようなことがきっと起きるはずだ。

シアトル——月曜の朝

シアトルは雨で寒く、暗く陰うつな月曜の朝がいっそうわびしく感じられた。昼ごろには晴れ間がのぞくかもしれないという4チャンネルの天気予報が、せめてもの明るい知らせだった。メアリー・ジェーン・ラミレスは、こんな日には南カリフォルニアがなつかしくなる。

ずいぶんいろんなことがあった、と過去三年間をふりかえって思った。夫のダンがマイクロルール社から非常によい条件の勧誘を受けたのが発端《ほったん》だった。向こうへ移れば、自分もよい仕事が見つかるだろうとメアリー・ジェーンも思った。四週間という短いあいだにふたりは辞表を出し、荷造りをして引っ越しをし、まだ小さい子供たち、ブラッドとステイシーにもかっこうの保育所を見つけた。ロサンゼルスの家を売りに出したタイミングもよく、家はすぐに売れた。思ったとおり、メアリー・ジェーンはまもなくシアトルの大手の金融機関であるファースト・ギャランティー・フィナンシャルの、事業部門の管理者として就職することができた。

ダンはマイクロルール社での仕事を心から楽しんでいた。夜、いきいきした様子で家へ帰ってくると、自分が勤めている会社がいかにすばらしいかや、そこで手がけている先端的な仕事についていろいろな話をした。ダンとメアリー・ジェーンは子供たちを寝かせたあと、よく夜がふけるまで話しあった。ダンは新しい会社のことでわくわくしていたが、妻の一日についても興味をもち、新しい同僚や仕事のうえで彼女が直面している課題についても知りたがった。その光景を見れば、ふたりが親友同士であることがよくわかった。相手の存在によって、それぞれが輝きをはなつかのようだった。

ふたりはシアトルへ移るにあたって入念な計画を立て、この先起こるかもしれないさまざまな事態を考えに入れていたが、ひとつだけ予想していないことがあった。新しい生活をはじめて一年たったある日、ダンは動脈瘤破裂で病院へかつぎこまれた。「遺伝による異常」という診断を受けたのち、彼は内出血のため一度も意識を回復しないまま息を引き取った。前兆は何もなく、さよならを言うひまもなかった。

あれが二年前の今月のこと。シアトルへきてまだ一年もたっていなかった……。

そこで考えるのをやめた。頭のなかが思い出でいっぱいになり、切ない思いがこみあげた。彼女は自分をおさえた。いまは私生活のことを考えるときではない。まだ勤務時間は半分も終わっていない。やるべき仕事は山ほどあるんだから。

ファースト・ギャランティー・フィナンシャル

ファースト・ギャランティー社での三年間に、メアリー・ジェーンは〝できる〟管理者という評価を受けていた。いちばん早く出社して最後まで残るというわけではなかったが、とにかく仕事が早く的確で、有能だった。

彼女は上司としても評判がよかった。どんなときでも部下の心配ごとやアイデアに注意深く耳をかたむけ、そのため彼らに好かれ、尊敬されていた。子供が病気になったり、大事な用事ができたりした部下のために、仕事を肩がわりすることもまれではなかった。彼女はマネジャーとして部署を統轄する立場にあった。だがそのやりかたがゆったりしていたので、緊張はなかった。仕事で直接かかわりをもつ人はみな、彼女といっしょに、あるいは彼女のために働くことを楽しんだ。メアリー・ジェーンが率いる小人数のグループは、信頼できるチームという評判を得るようになった。

それと対照的なのが三階にある業務部門で、この部署は逆の理由で話題にのぼることが多かった。このグループを形容するのによく使われるのは、鈍い、不満のかたまり、ゾンビ、不愉快、遅い、不毛、後ろ向きといった言葉だった。みんながこのグループのことを悪く言った。会社にとって不運なことに、どの部署も三階と仕事をしないわけにいかなかった。ファースト・ギャランティーが行なう取引のほとんどが、ここで処理されるしくみになっていたからだ。だれもがこのグループとかかわることをおそれていた。

管理者たちは、三階での最新の失策について語りあった。三階にいった人は、そこがあまりに活気にとぼしいので、こちらまで生気を吸い取られてしまうと話した。メアリー・ジェーンは、マネジャーのひとりがノーベル賞に値する大発見をしたと言ったとき、みんなが大笑いしたことをおぼえている。どういう意味かとたずねると、彼は言ったものだ。

「三階に生き物がいるらしいことを発見したんだ」

数週間後、思いがけず、会社から三階の業務部門の部長に昇進させるというオファーがあった。メアリー・ジェーンはあまり気が進まなかったが、それを受け入れた。会社は彼女に大いに期待していたが、メアリー・ジェーンのほうは新しい職にためらいがあった。現在の仕事に満足していたし、ダンの死後はリスクをともなうことをあまりしたくなくなっていた。彼女が率いてきたグループは、ダンが亡くなったあとのつらい時期をいっしょにすごしてくれた。そのことでグループのみんなと強い連帯感をもっていた。苦しいときに支えてくれた人たちと別れるのはつらかった。

メアリー・ジェーンは三階のひどい評判が気になってもいた。実際、ダンの入院費という予期せぬ出費がなければ、昇給をともなうこの昇進を断っていただろう。だがそういう事情で、結局悪名高い三階にいくことになった。この職につくのは、過去二年間で三人目だった。

三階

ああ、やっと金曜日になった。メアリー・ジェーンはメールの受信ボックスを見ながらそう思った。三階へきて五週間、彼女は新しい仕事とスタッフを理解しようと苦心していた。意外なことにここで働いている人たちの多くに好感をもったが、やはり三階について悪評がたつのも無理ないことがすぐにわかった。この部署に五年いるベテラン社員のボブが、電話が七回なったあとわざとコードを抜いて、電話がつながらないようにするのを目撃した。同じチームのマーサが、仕事を早くしてくれと〝うるさく言う〟社内の連中にどう対処しているかを話すのも耳にした。彼女は彼らのメールを〝うっかり〟削除してしまうのだという。休憩室にいくたびに、だれかがテーブルでいねむりしていた。

朝はたいてい始業時間になっても一〇分から一五分は、電話がなりっぱなしだった。スタッフがまだ出社していないからだ。その理由を問われると、下手な言い訳が山ほどかえってくる。あらゆることがスローモーションで行なわれた。三階がゾンビのようだと言われるのも当然だ。メアリー・ジェーンはどうしたらいいか見当もつかなかった。だがともかくなんとかしなければならないのは確かだった。それも早急に。

その夜、子供たちを寝かせてから、日記に書くことで自分のおかれた状況を整理しようとした。

……………………………………

今日は寒くて陰気くさい日だったけど、会社のわたしのオフィスの窓から見える光景は、陰気という言葉でもまだ足りないぐらい、活気がなかった。ときどき三階に生きた人間がいることを疑ってしまう。ベビー・シャワー（赤ちゃん用品を贈るパーティー）か結婚式でもないと、だれもしゃんとしそうにない。仕事のことでは、みんなまったく熱が入らない。

わたしは三〇人の部下をかかえているわけだけど、スタッフはみなのろのろと短い時間仕事をして、薄給をもらっている。ほとんどの人は何年も前から同じやりかたでいやいや仕事をしていて、退屈しきっている。いい人たちみたいだけど、まるっきりやる気がない。この部署の沈滞した雰囲気に毒されて、新しくきた人もすぐにやる気を失ってしまう。みんなのあいだをまわって歩いていると、空気から酸素がすっかり吸い取られてしまっているように感じる。息をするのも苦しいほどだ。

先週、二年前に導入されたソフトウェアをまだ使っていない事務員を、四人見つけた。昔ながらのやりかたのほうがいいと言う。ほかにどんなびっくりすることがあるのやら。

舞台裏の仕事とは、こんなものなのだろう。わくわくするようなことは何もない。取引の処理をするだけだ。それにしてもこれはひどすぎる。わたしたちの仕事が会社にとっていかに大事かを、みんなに伝える方法をさがさなくては。わたしたちがやっている仕事のおかげで、ほかの部門の人たちが会社の顧客にサービスできるのだ。

わたしたちの仕事は不可欠なものだけれど、おもてに出ないからありがたみがわからない。わたしたちはいわば組織の裏方だ。この部署がこれほどひどくなければ、会社のレーダースクリーンにあらわれることもないだろう。ところが、これがひどいのだ。

だれもこの仕事が好きでいまの部署にきたわけではない。このフロアでお金に困っているのは、わたしだけではない。自分一人で子供を育てているシングルマザーが何人もいるし、シングルファーザーも一人いる。ジャックは病気の父親を家に引き取ったところだ。ボニーと夫が暮らす家には、二人の孫が同居している。わたしたちがここにいるのは、サラリーと安定と恩典という三つの大きな理由のためだ。

・・・・・・・・・・・・・・・・・・・・・・・・・・・・・・

メアリー・ジェーンは日記に書いた最後の文章について考えた。裏方の仕事は、一生変わらないと思われている。給料はそこそこよく、仕事は安全だ。月曜の朝、会社へきて、部長室の外のパーティションやデスクの列を見ていると、いくつかの質問が頭にうかんできた。「自分たちが大事に思っている安定が、幻想にすぎないことを、スタッフは知っているだろうか？　市場の力がこの産業を変えようとしていることに気づいているのか？　急速に再編が進む金融業界でこの会社が競争していくためには、わたしたちみんなが変わる必要があることを、理解しているのか？　変わることができなければ、いずれほかの職をさがさなければならなくなることに、気づいているのか？」

答えはわかっている。すべてノーだ。彼女のスタッフはこれまでのやりかたに固執している。彼らはあまりにも長いあいだ、舞台裏に取り残されてきた。みなただ仕事をこなし、変化がおとずれる前に退職の時期がくることを願っているだけだ。彼女自身はどうだろう？　彼らとさほど変わらないのではないか？

電話のベルの音に、現実に引きもどされた。その電話のあと、六〇分にわたって〝火消し〟に追われた。まず、大事なクライアントのファイルが紛失したが、それが最後に目撃されたのが三階だとうわさされていることを知った。つぎに、べつの部署のだれかがいつまでも待たされるのに業《ごう》を煮やして三階へやってきて、不愉快なシーンをくりひろげた。これにより、すくなくとも活気がもたらされたことは確かだった。それから法務部のだれかが、三回も電話を切られたと文句を言ってきた。さらに、病気で欠勤している何人ものスタッフのひとりが、今日までに処理するはずの重要なプロジェクトをかかえていることがわかった。午前中の最後の火事を消しおわると、メアリー・ジェーンはお弁当をもってドアへ向かった。

ごみ溜め

いまの部署へ移ってから、メアリー・ジェーンは昼休みには会社から出るようになった。カフェテリアへいけば、まわりの社員たちはいつものように会社の悪口を言いあい、三階について不平を言っているにちがいない。いまやそれは自分に直接かかわることであり、それをきくと気がめいる。彼女は外の空気が吸いたかった。

たいてい坂をおりて、湾のそばでお昼を食べる。ベーグルをかじりながら海をながめたり、観光客が小さな店にむらがるのをながめたりする。あたりは静かで、ピュージェット湾のおかげで自然に親しむこともできた。

昼からもどり、自分のオフィスまであとデスクふたつぶんというところで、電話のなる音がきこえた。保育所からかもしれない。そういえば今朝ステイシーは鼻水を出していた。そこで部長室まで急いで走り、四回目の呼び出し音で受話器を取りあげた。「メアリー・ジェーン・ラミレスですが」と、息をきらしながら言った。

「メアリー・ジェーン、ビルだ」

やれやれ、今度は何？　新しいボスの声をききながらメアリー・ジェーンは思った。三階の仕事を引き受けるのをためらった理由のひとつに、ビルのことがあった。彼はいやなやつという評判だった。彼女の見たかぎりでは、その評判はあたっている。ビルはやたらに命令し、こちらの言葉をさえぎり、上からものを言うような口調で仕事のことをきくという腹立たしいくせがある。「メアリー・ジェーン、スタントン・プロジェクトのことはわかってるかい？」まるで彼女が何も知らないと思っているかのようだ。この部署の部長はメアリー・ジェーンが二年間で三人目だったが、ひんぱんに部長が変わるのは三階のスタッフのせいだけではないことが、彼女にもわかりはじめていた。ビルにも問題があるのだ。

「午前中の幹部会議がいま終わったところなんだが、今日の午後きみと話がしたいんだ」

「いいですよ。何か問題があるの？」

「これからわが社も困難な時期にさしかかると幹部たちは考えている。生き残るためには、社員ひとりひとりが最善を尽くさねばならないというんだ。現社員でもっと生産性を高めなければ、変化もやむをえない。活気がなくて意欲の低い部署がいくつかあって、それが全体に悪影響をおよぼしているという話も出た」

メアリー・ジェーンはどきっとした。

「ボスが職場の精神について本音で話す会議にいってきて、やる気満々になっている。三階だけを槍玉に上げるのはどうかと思うが、彼は三階がわが社の最大の問題だと思っているようだ」

「三階を名ざししたんですか?」

「名ざししただけじゃなく、特別な名前で呼んだ。〝ごみ溜め〟とね。自分の部署がごみ溜めなんて呼ばれるのは許せない! ぜったいにいやだ! まったくの恥だ」

「ごみ溜めですって?」

「そうだ。それについてどう対処しているか、とボスに厳しく追及されたよ。だからわたしも同じように思っており、きみを呼び入れたのは問題の解決をはかるためだと話した。彼は進みぐあいを逐一報告しろと言う。それで、もう解決できたか?」

もう解決できたかですって? 新しい部署にきてまだ五週間しかたっていないのに!

「まだですけど」と、彼女は言った。

「急いでくれ、メアリー・ジェーン。もしできそうもなかったら、そう言ってほしい。だれかほかの人を考えなきゃならんから。ボスは全員にもっと気力と情熱とやる気が必要だと確信している。わたしとしてはなぜ三階に情熱と気力がいるのか、よくわからんがね。ロケットを製造してるわけじゃないんだから。とにかく、今週か来週にはこの件で打ち合わせをするつもりだから、頼んだよ」

「わかりました」

ビルは彼女の声にいらだちがまじっているのに気づいたのだろう。「まあ、そういらいらすることはないよ、メアリー・ジェーン。とにかくいま言ったことをやってくれ」

まったく頭にくるわ、と受話器をおきながら思った。いらいらすることはないですって！　でも彼はわたしのボスだし、問題があるのは事実だ。それにしてもなんていやなやつだろう。

いつもとちがうこと

メアリー・ジェーンはその後、かっかしながらエレベーターに向かった。ビルとの電話でストレスを感じたので、外へ出て少し気分を変えるため、近くを歩いてくることにした。いつものように坂をおりて湾のほうへいくかわりに、衝動的にファースト・ストリートを右へまがった。〝ごみ溜め〟という言葉が、頭のなかをかけめぐっていた。

ごみ溜めね！　つぎは何かしら？　ファースト・ストリートを歩いていると、頭のなかで小さな声がささやいた。「おまえがいちばんいやなのも、三階にごみのように溜まっている負のエネルギーだろう。なんとかしなきゃいけないぞ」

ファースト・ストリートを歩いているうちに、きたことのないところへ出た。にぎやかな笑い声に注意をひかれて、活気ある市場のほうへ向かった。有名なパイク・プレイス魚市場のことは話にはきいていた。だが、経済的余裕がないし、おさない子供を二人抱えている身なので、自分がいくところではないと感じ、きたことはなかった。

向きを変えてパイク・プレイスを歩いていくと、身なりのよい人々がおおぜい、ある魚市場のまわりに集まっていた。みな笑っている。メアリー・ジェーンは自分のおかれた状況の深刻さを考え、最初は笑いに抵抗を感じた。そこから立ち去ろうとしたとき、頭のなかの声が言った。「こういうときこそ笑ったほうがいい」彼女はもっと近づいた。魚を売っている男性のひとりが叫んだ。「やあ、ヨーグルトおじさんとヨーグルトおばさん！」すると立派な身なりをした何十人もの人々が、いっせいにヨーグルトのカップを高々と宙にかかげた。おやおや、とメアリー・ジェーンは思った。いったい何なの、これ？

世界的に有名なパイク・プレイス魚市場

ひょっとして、いま宙をとんだのは魚？　錯覚ではないかと目をこらした。と、また同じことが起こった。白いエプロンに黒いゴム長という、一目でそれとわかるかっこうをした店員のひとりが大きな魚をもちあげ、五、六メートルはなれた高いカウンターへ向かって投げて、大声で言った。「サケが一ぴき、ミネソタへとんでった」するとほかの店員もみな声をあわせて同じことを言った。「サケが一ぴき、ミネソタへとんでった」カウンターのうしろの男性は、片手でみごとにサケを受け止め、その技をたたえて拍手する人々に向かっておじぎをした。あたりは活気に満ちている。

右手を見るとべつの店員が、大きな魚がしゃべっているかのようにその口をぱくぱく動かして、小さな男の子をからかっていた。白髪まじりの髪がうすくなりかけたやや年配の店員が、「きいてくれ、きいてくれ、魚のことならなんでもきいてくれ！」と大声で言いながら、歩きまわっている。レジのところにいる若い店員は、お手玉のようにカニをほうり投げている。アメリカ退職者協会のカードをもったふたりの客は、店員が自分たちの選んだ魚と会話しているのを見て、げらげら笑っていた。市場全体がいきいきしている。メアリー・ジェーンは見物しながら、しだいにくつろいだ気持ちになっていった。

ヨーグルトのカップをかかげている人たちを見た。会社員のようだけど。ほんとに昼休みに魚を買いにくるのかしら、それともアトラクションを見にくるだけかしら？

彼女は気づかなかったが、魚屋の店員のひとりが群集のなかにいるメアリー・ジェーンに目をとめた。彼女の好奇心と真剣さにひかれ、店員はメアリー・ジェーンに近づいた。

「どうしたの？　ヨーグルトはもってないのかい？」メアリー・ジェーンがまわりを見ま

わすと、黒い巻き毛を長くのばしたハンサムな若者が立っている。彼はにこにこしながら彼女を見つめていた。

「ええ、ないわ」どぎまぎしながら答えた。「仕事場をちょっと脱《ぬ》け出《だ》してきただけだから」

「前にもきたことある？」

「いいえ。いつも湾のほうでお昼を食べるの」

「それはいいな。あのへんは静かだから。ここは静かとは言えないからな。じゃあ今日はどうしてここへきたの？」

右のほうで店員が困ったような顔で、「さあ、さあ、魚を買っとくれ」と叫んでいる。べつの店員は若い女性をからかっていた。いきなりメアリー・ジェーンの頭のうえをカニがとんだ。「カニが六ぴき、モンタナへとんでった」と、だれかがどなった。「カニが六ぴき、モンタナへとんでった」と、みんなが復唱する。毛糸の帽子をかぶった店員が、レジのうしろで踊っている。まわり中で、秩序ある混乱ともいうべき光景がくりひろげられていた。乗り物がいっぱいあるお祭りのようだが、もっと楽しい。だがそばにいる店員は気が散っている様子はない。愛想よく、おだやかに彼女の答えを待っている。あらまあ、この人ほんとにわたしの答えに興味をもってるみたい。でも見ず知らずの人に、仕事のトラブルのことなんか話すわけにいかないし。そう思いつつ、話してしまった。

ロニーというその店員は、三階の状況を注意深くきいてくれた。とんできた魚がロープにあたってふたりのすぐそばに落ちたときも、身じろぎもしなかった。そして部下たちのさまざまな問題について彼女が語るのを、熱心にきいていた。話し終えると、メアリー・ジェーンは彼にきいた。「うちのごみ溜めのことを、どう思う？」

「なかなか大変だな。ぼくもずいぶんひどいところで働いた経験があるけど。実をいうと、ここも最初はひどかったんだ。いまはこの市場を見て何に気づく？」

「音と動きと活気」間髪をいれずに答えた。

「活気があるのってどう？」

「いいわ。ほんとにすばらしい」

「ぼくもそう思う。すっかり味をしめたね。これを経験したあとでは、もうふつうの市場では働けない。でもさっき言ったように、ここも最初はこうじゃなかった。やっぱり何年もごみ溜めみたいだったんだ。そこでみんなでそれを変えようときめた。その結果がこれだ。こういうエネルギーがあったら、きみのオフィスも変わると思う？」

「もちろんよ。ごみ溜めにはまさにそれが必要なのよ」彼女はほほえみながら言った。

「よかったら何がこの魚市場をきわだたせているのかを、教えるよ。もしかしたらそこから何かヒントが得られるかもしれない」

「でもわたしたちには投げるものがないわ。あるのはつまらない仕事だけ。みんな……」

「ちょっと待って。魚を投げるだけのことじゃないんだ。もちろんきみの仕事はこれとはちがう。どうやら難問をかかえこんでいるようだね。手を貸してあげたい。ここが世界に名だたるパイク・プレイス魚市場に成長するまでにぼくらが学んだ方法を、きみなりのやりかたで応用してみたらどうだろう？　活気あふれる部署ができる可能性があるなら、その方法を学ぶのも無駄じゃないよね？」

「もちろん。でもどうしてそんなことをしてくれるの？」

「この小さな魚市場にかかわって、きみがいま見ているようなことを経験することで、ぼくの人生が大きく変わった。私生活のくわしい話をしてきみを退屈させるつもりはないけど、この仕事をはじめたときは、めちゃくちゃな人生を送っていた。ここで働くことで、文字どおり救われたんだ。きざなようだけど、幸せな人生を手に入れられたことへの感謝の気持ちを、なんらかの方法であらわしたい。きみが悩みを打ちあけてくれたおかげで、それができそうだ。求めている答えのいくつかが、ここで得られると思う。ぼくたちはすごいエネルギーをつくり出しているんだから」そう言ったとたん、そばをカニがとんでいき、だれかがテキサスなまりでどなった。「カニが五ひき、ウィスコンシンへとんでった」何人もの声が復唱した。

「わかったわ」メアリー・ジェーンは声をあげて笑った。「とにかくこの魚市場に活気があることは確かだから。じゃあ、そうしましょう」腕時計を見て、急いで歩かないと昼休みが終わるまでに会社にもどれないことに気づいた。彼女が会社にきたときと出たときの時間を、スタッフはチェックしているにちがいない。

ロニーはメアリー・ジェーンの視線に気づいて言った。「じゃ、あすの昼休みにまたきたらいい。ヨーグルトをふたつもって」

彼は向こうへいき、すぐにミネソタ・ヴァイキングスのジャケットを着た若者に、コパー川産サーモンとキングサーモンのちがいを説明しはじめた。

再訪

火曜日の昼休み、メアリー・ジェーンは足早にファースト・ストリートを歩いて市場へいった。ロニーは彼女がくるのを待っていたらしく、すぐに人ごみのなかからあらわれ、彼女といっしょにTシャツ売り場をとおりすぎて、傾斜路をくだっていった。

「ホールのはしにテーブルがあるんだ」ロニーはそう言って、四方がガラスばりになった小さな部屋へ彼女を導いた。そこからは港とピュージェット湾のすばらしいながめが楽しめる。ロニーはベーグルとメアリー・ジェーンがもってきたヨーグルトを食べ、そのあいだにメアリー・ジェーンはヨーグルトを食べながら魚市場のことをいろいろきいた。市場での一日についてロニーが話すのをきいたかぎりでは、魚を売る仕事がそう楽しいとは思えなかった。それを考えると、パイク・プレイス魚市場で働く人たちがあんなに楽しそうにしていることが、いっそうすばらしいことに思えた。

「あなたの仕事とわたしの仕事には、思ったより共通点が多いみたい」ロニーが毎日の単調な仕事について話したあと、メアリー・ジェーンは言った。

ロニーは顔をあげた。「本当?」

「そうよ。わたしのスタッフの仕事は、同じことのくりかえしでつまらないことばかり。でも重要な仕事なの。わたしたちは顧客の顔を見ることはないけど、もし間違いがあると顧客は怒る。で、わたしたちが批判されるの。でも仕事をちゃんとやっても、だれも気づかない。ともかく、退屈な仕事なの。でもあなたたちは退屈な仕事をおもしろくやる方法を見つけたわけでしょう。すごいと思うわ」

「どんな仕事でもそれをやる人にとっては退屈だってことを考えたことある？　あのヨーグルトおじさんのなかには、仕事で世界中を旅行する人もいる。すごく楽しそうだと思うけど、彼らに言わせると、すぐに飽きてしまうそうだ。条件しだいでは、どんな仕事でもつまらなくなるんだね」

「確かにそうね。十代のころ、若い女の子があこがれるような仕事をしたことがあるの。モデルの仕事よ。でも一カ月もするとすっかり退屈してしまった。ぼうっと立って待ってるだけなんですもの。ニュースキャスターも同じよ。たいていほかの人が書いた原稿を読むだけなんですって。そんなのつまらない……すくなくともわたしにとっては」

「オーケー。どんな仕事でも場合によっては退屈になるなら、逆にどんな仕事でも情熱をもっていきいきとやることもできる。そうだね？」

「よくわからないわ。例を挙げてくれる？」

「いいよ。市場のなかを歩きまわって、ほかの魚屋を見てごらん。活気なんかないから。きみの言葉を借りると……ごみ溜め状態なんだ。やつらがあんな商売のやりかたをしてるのは、われわれにとっては好都合なんだけどね。この前言ったように、パイク・プレイス魚市場も昔はあんなふうだった。でもぼくらはすごいことに気づいたんだ。仕事そのものは選べなくても、どんなふうに仕事をするかは自分で選べることに。世界に知られたパイク・プレイス魚市場をつくりあげるのに、いちばん役に立った教訓はそれだ。どんな態度で仕事をするかは、自分で決められるってこと」

態度を選ぶ

メアリー・ジェーンは手帳を出して、メモしはじめた。

仕事そのものは選べなくても、どんなふうに仕事をするかは自分で選べる。

彼女は自分がいま書いたことについて考えてから、たずねた。「なぜ仕事そのものは選べないの?」

「いい質問だ。仕事はいつでもやめられるから、その意味ではどんな仕事をするか選ぶことができる。でも与えられた責任やほかの要素を考えると、仕事をやめるのはあまり賢明ではないかもしれない。選べないというのはそういう意味だ。一方、どんな態度で仕事をするかは、いつだって選べる」

ロニーはつづけた。「ぼくの祖母のことを話そうか。彼女はどんな仕事にもほほえみと愛情をもちこんだ。ぼくたち孫は、キッチンで手伝うのが大好きだった。おばあちゃんといっしょに皿を洗うのは、すごく楽しかったからね。手伝っているあいだに、いろんな知恵を授けてもらった。子供たちは、本当に貴重なものを与えられた。心から自分のことを思ってくれる大人を。

いま思うと、おばあちゃんは皿洗いが好きだったわけじゃない。でも皿洗いに愛情をもちこんで、その気持ちがぼくらに伝わったんだ。

同じように、毎日魚市場へくるときに、各自がある態度をもちこむことにぼくたちは気づいた。不機嫌な態度をもちこんで、ゆううつな一日をすごすこともできる。ふてくされてやってきて、仲間やお客にいやな思いをさせることもできる。あるいは明るいほがらかな顔であらわれて、一日を楽しくすごすこともできる。どんな一日を送るかは、自分で選べるんだ。それについてみんなでさんざん話しあって、どうせ仕事にくるなら、できるだけ楽しくすごしたほうがいいと気づいた。もっともだろう?」

「ほんとにそのとおりね」

「ぼくたちはその選択についてすっかり気分があがって、ついでに世界中で有名になろうと決めた。世界に名をとどろかせるような一日をすごすほうが、平凡な一日をすごすよりずっと楽しいからね。ぼくの言ってることわかる? 魚市場の仕事は寒くて、びしょびしょで、くさくて、汚くて、やりにくい。でもその仕事をするあいだにどんな態度をとるかは選択できる」

「そうね、わかってきた気がする。毎日どんな態度で仕事にくるかを選ぶ。その選択によって、どんなふうに仕事をするかが決まる。どうせ仕事をするなら、平凡で終わるより世界的に有名になるほうを選ぶ。とても簡単なことに思えるわ」

「理解するのは簡単でも、実行するのはそうたやすくはない。ぼくたちは一晩でここをつくりあげたわけじゃない。一年近くかかった。ぼく自身、すごく扱いにくい人間だった。不満だらけでね。この前も言ったとおり、私生活もめちゃくちゃだった。でも気にしたこともなかった。人生ってものがわかってるつもりだった。人生はひとすじなわではいかないものだから、こっちもタフでなきゃと思ってた。これまでとはちがう魚市場をつくろうという話になったとき、毎日をどうすごすか自分で決められるという考えに抵抗した。自分が被害者だと思ってるほうが楽だったんだ。年上の仲間がぼくをわきへ呼んでね。やはりいろいろつらい経験をしてきたやつだったけど、そいつが魚を売るもの同士のよしみで、じっくり説明してくれた。ぼくも反省して、やってみることにした。それでそのすばらしさがわかった。人は自分のとる態度を選べる。自分がそうしたから、それがわかる」

メアリー・ジェーンはロニーの話と、それを話している彼自身にも感銘を受けた。顔をあげるとロニーがふしぎそうに見ている。彼女はぼうっとしていたらしい。「ごめんなさい。やってみるわ。ここがうまくいっている理由が、ほかにもある？」

「四つの要素があるけど、いちばんのポイントはいま言ったことだ。態度を選ぶことをしないと、それ以外のことは時間の無駄だ。今日はここまでにして、残りの三つはまた今度にしよう。最初の要素を三階にどう応用できるか、考えてごらん。ほかの要素を話しあう準備ができたら、電話してくれ。番号はわかる？」

「あらゆるところに書いてあるじゃない！」

「そうだったね。ぼくたちは控えめな人間じゃないんだ。また会おう。ヨーグルト、ごちそうさま」

変える勇気

その後の二日間、メアリー・ジェーンは仕事に追われて、忙しくすごしていた。すくなくとも、それが言い訳だった。けれどもロニーとの会話と、仕事にもちこむ態度を選ぶという考えは、くりかえし頭にうかんだ。魚市場の哲学はもっともだと思ったが、まだ完全に納得できていないことに気づいた。迷いがあるときは、もっと情報を得なくては、と思った。

金曜日に、ビルのボスが出席したという、職場の精神についての会議のことをビルに電話できいてみることにした。ボスの経験についてもっときいておくのが賢明だろう。

「ビル、あなたのボスが出席したという、〝職場の精神〟についての会議のことを知るには、どうすればいいかしら？」

「どうしてそんなことが知りたいんだ？　いわゆる〝ニューエイジ〟の話だよ。みんなで熱いふろにでもつかってたんじゃないのか。なぜわざわざそんなことに時間を使うんだ？」

メアリー・ジェーンは怒りがこみあげた。深く息を吸って言う。「ねえ、ビル、わたしがこの仕事を引き受けたとき、やるべき課題がいっぱいあることがお互いにわかっていたでしょう。いまじゃクリアすべき壁は高くなって、時間は短くなっている。あなたもわたしと同じぐらい深くこの件にかかわってるのよ。協力してくれるつもり、それとも邪魔しようというの？」

なんてことを言ったのだろう、と彼女は思った。でも胸がすっとしたわ！

ビルは平静に答えた。けんか腰に言われて、かえって落ち着いたようだ。「わかった、わかった。そんなに怒らないでくれよ。その会議のＣＤはわたしのデスクにおいてある。きかなきゃいけないんだが、時間がなくてね。きみがきいて、内容を教えてくれるか？」

「いいわよ、ビル。あとで取りにいくわ」

忘れられない帰り道

その夜、ベルヴューまでの道は渋滞していたが、メアリー・ジェーンは気にならなかった。自分の状況について考えていた。いつ自信をなくしてしまったのだろう？　思ったことをはっきりビルに言うなんて勇気あることをしたのは、久しぶりだ。正確にいうと、二年ぶりだわ。ようやくばらばらの思考をひとつにまとめて、意識にのぼらせた。考えなければならないことが多すぎる。圧倒されそうな気持ちになり、ビルに借りたＣＤをかけてみることにした。

カーステレオのスピーカーから、引きこまれるような朗々たる太い声がきこえてきた。そのＣＤは、ある詩人の詩の話から始まった。彼は日々の問題に対処する際に詩の言葉が役に立つと考えて、自分の詩を仕事場へもっていくという。デイヴィッド・ホワイトというその詩人は、しばらく話をしてから詩を朗読した。彼の詩と話は心にしみ、彼女は一心に耳をかたむけた。

働き手であるわれわれと、組織が求めるものは同じだ。
創造性、情熱、柔軟性、誠意……

そのとおりだわ、と彼女は思った。

夏、会社の駐車場にとめた車の窓をすこしあけておく。座席の布張りを熱から守るためではなく、会社へいくのはあなたの六〇パーセントだけで、残りは車に残って一日中そこで呼吸しなければならないからだ。自分のすべてを仕事場へもっていったらどうだろう?

この人はいったいだれ? やがてデイヴィッド・ホワイトが「信頼」という自作の詩を朗読するのをきいて、いきなり胸がいっぱいになった。これを書いたのは自分への信頼を失っていたときだ、と彼は朗読する前に言った。

信頼

——デイヴィッド・ホワイト

私は信じることについて書きたい
夜ごと、冷たい雪のうえに
のぼる月のことを

満月はしだいに欠けていくが、それでも信頼を失わない
ゆっくりと細い弓のような三日月になり
ついには闇がおとずれても

しかし私は自分を信じることができない
それが心に入りこむのを許さない

この小さな詩が

ほっそりした新月のように
自分を信頼へと導く最初の祈りになることを期待しよう

なるほど、「生徒の準備ができたときに先生があらわれる」とは、こういうことだったのか。この詩のおかげで自分を見つめることができ、ようやく自分を引きとめていたものが何かわかった。ダンの急死により、ひとりで子供を育てていかねばならないというプレッシャーがかかり、自分の生きる力への信頼をなくしていた。もしリスクをおかして失敗したら、自分と子供たちを養えなくなるとおそれていたのだ。

率先してオフィスに変化をもたらすことは、リスクをともなう。失敗したら職を失うかもしれない。その可能性は大いにある。だが変えないことにもリスクがある。もしわたしたちが変わらなかったら、全員が職を失うかもしれない。それだけではない。活気も活力もないようなところで働きたくない。そんな場所で働きつづければ、自分がどうなるかわかる。考えるとぞっとする。そうなったら、わたしはどんな母親になるだろう？　どんな手本を示すことになるのか？　もし月曜日から変化を起こしはじめるのなら、まず自分の態度を変えなければ。自分を信頼しよう。どんなことが起きても大丈夫だと信じよう。

わたしはそう簡単にへこたれない。それは証明ずみだ。どんなことがおきても平気だ。ごみ溜めを掃除するときがきた。仕事によい影響をおよぼすからだけではない。むろん、仕事にも大いに利益をもたらすだろうが。その問題を解決するようにたのまれたからでもない。それも大事な理由だが、それは外的なものだ。前進したいと思ういちばん大きな理由は、内側からのものだ。わたしは自分への信頼を取りもどしたい。この問題に取り組むことは、そのために役立つだろう。

ＣＤにはこんなくだりもあった。「会社は必ずしも牢獄ではない。だがそこでの仕事のやりかたいかんによっては、牢獄になる。私は自分で牢獄をつくってしまった。自分への信頼の欠如が、牢獄の壁だ」

牢獄のたとえにはききおぼえがあった。どこかのセミナーできいたような気がする。ステイシーが待っている保育所へつくと、すぐに車をとめて日記を取り出し、いまうかんだ考えを書きとめておいた。

人生は短いのだから、わずかな時間でもごみ溜めですごすのはもったいない。まして起きている時間の半分をそんなところですごしたくない。そんな人生はいやだ。選択の余地があるとわかれば、みんなもそう思うだろう。

うちの部署の雰囲気は、何年も前からこんなふうだった。それを変えるには、個人的なリスクをおかさねばならない。成功するという保証はない。だがこれは喜ぶべきことかもしれない。最近のできごとのためにわたしは自信を失っている。必要なリスクをおかすことで、自信を取りもどせるかもしれない。何もしないことのリスクのほうが、行動することのリスクよりおそらく大きいのだから。

わたしのファイルのどこかに、いままさに必要なメッセージを含んだ資料があるはずだ。

それを見つけなければ。いまはどんな助けでもほしいのだから。

……………………………………………


それだけ書くと車をおりて、娘を迎えにいった。

「ママ、ママ。おめめがぬれてるよ。泣いてたの？　どうしたの、ママ？」

「そう、泣いてたの。でも悲しいからじゃないのよ。今日はどんなことをしたの？」

「家族の絵をかいたの。見たい？」

「もちろんよ」うつむくと、娘がかいた四人の姿が目に入った。「あらまあ」彼女は息をついた。これも自信がゆらがないかどうかのテストね。

「荷物をとってらっしゃい。ブラッドを迎えにいかなきゃ」

日曜の午後

日曜の午後はママの時間だった。メアリー・ジェーンはいつも日曜日にすくなくとも二時間、ベビーシッターをたのんでいる。それは自分へのちょっとしたごほうびだった。それによって元気が回復し、仕事や家族の問題に立ち向かう力がわいてくる。その時間は心の糧になるようなものやおもしろい小説を読んだり、自転車にのったり、コーヒーを飲んでくつろいだりする。シアトルにはコーヒーショップがたくさんある。家から三ブロックほどのところにもいい店があった。メアリー・ジェーンは本を何冊かもって、家を出た。店のすみのお気に入りのテーブルが彼女を待っていた。

「無脂肪のカフェラテのグランデサイズをおねがい」彼女はコーヒーを片手にテーブルにつき、まず心を豊かにするものを読もうときめた。サラ・バン・ブラナックの『シンプルな豊かさ』を取り出す。ぼろぼろになるまで読みこんだこの本には、毎日読めるように三六五日分の文章がのっている。二月八日のページをあけた。大事な言葉が目にとびこんできた。

ほとんどの人は、自分を芸術家と考えることにためらいを感じます……でもわたしたちはみな芸術家です……毎日さまざまな選択をすることによって、自分だけのユニークな芸術作品をつくっています。自分でなければできない何かを……わたしたちが生まれたのは、消すことのできない自分自身の足跡をこの世に残すためです。

それが本物のあなたです……自分の創造的な衝動を大事になさい……自信をもって歩みなさい…。あなたの人生はすばらしいもの――感謝に満ちあふれた喜びのソネットであることがわかるでしょう。

選択や自信という言葉を見ると、魚市場のことを思い出した。あの人たちは芸術家だわ、と思った。一日一日をつくりあげるために、選択しているのだ。そこで思いがけない考えがうかんだ。わたしだって芸術家になれるんだ。

それから、だいぶ前に出席したことのあるリーダーシップ・セミナーのファイルを取り出した。牢獄が仕事場の比喩として使われるのをはじめてきいたのは、ここでだった。ファイルのなかにはジョン・ガードナーによって書かれたスピーチの、色あせたコピーが入っていた。自分の原稿をコピーするようにガードナーがみんなにすすめていたことを思いだした。心の広い人にちがいない。こんなに時間がたっているのにおぼえているなんて、よほど印象的なことを言ったのだろう。ページをくりながらそれをさがした。

ジョン・ガードナーの話

その一節はこのようにはじまっていた。

なぜ盛りをすぎて衰えてしまう人と、最後まで活力に満ちた人がいるのかという疑問があります。衰えるというのは、あまりにもばくぜんとした表現かもしれません。多くの人は人生のどこかで、学び成長するのをやめてしまうと言ったほうがいいかもしれません。

メアリー・ジェーンは顔をあげて思った。わたしのグループにあてはまる言葉だわ。以前のわたしにもあてはまる。〝以前のわたし〟という言いかたにこめられた決意にほほえんで、またスピーチにもどった。

その理由を考えるときには、思いやりが必要です。解決できないような難問を人生によって与えられたのかもしれない。何らかのできごとにより、自信や自尊心に大きなダメージを受けたことも考えられる……あるいは長いこと懸命に走りつづけたので、何のために走っているのか忘れてしまったのかもしれない。

私が言っているのは、どんなに忙しそうに見えても、学び成長することをやめてしまった人たちのことです。彼らをあざ笑おうとは思いません。人生はつらいものです。ときには生きていくだけでも、勇気のいることです……

仕事の場にいる大多数の男女は、自分で思っている以上に生気がなく、認めはしないけれど退屈しきっています……

ある有名なフランスの作家がこう言っています。「人生のある時点で、時計がとまってしまう人たちがいる」私はたくさんの人生を見てきました。ヨギ・ベラが言うように、「見ることでいろいろなことがわかります」たいていの人は、人生のどの時期でも学び成長することに喜びを感じると確信しています。もし盛りをすぎておとろえる兆候があるなら、それを防ぐ手だてをこうじればいい。時計のネジがゆるんだら、巻きなおせばいいのです。

私はあなたについて、あなた自身も知らないことを知っています。あなたのなかにはいまだ使ったことのないエネルギーと、生かしたことのない才能、ためされたことのない力、そして与えたことのない与えるべきものが秘められているのです。

ジョン・ガードナーのことをおぼえていたのも当然だわ。ネジを巻かなきゃいけない時計がいっぱいあるけど、まず自分のネジを巻かなければ、とメアリー・ジェーンは思った。
それからの一時間、彼女は考えたことを日記に書き、心が安らかになったことに気づいてうれしくなった。家へ帰るしたくをしながら書いたものを見直し、月曜の朝にやろうとしていることの指針となる個所を丸でかこんだ。

ごみ溜めの問題を解決するためには、あらゆる意味でわたしがリーダーにならなければならない。失敗のリスクも負わねばならない。安全な場所などない。でも行動をおこさなければ確実に失敗する。それならいまはじめたほうがいい。第一のステップは、自分の態度をきめることだ。わたしは自信と信頼を選ぶ。自分の時計のネジを巻きなおし、学び成長する準備をしよう。そして魚市場で得た教訓を、ごみ溜めに応用してみよう。

月曜の朝

午前五時半。メアリー・ジェーンは後ろめたさを感じつつ、娘の保育所の前でドアがあくのを待っていた。めったにないことだが、こういう特別な日にはブラッドもいっしょに保育所へいき、あとでスクールバスで学校へいく。眠そうな目をした子供たちを見て言った。「こんなに早く起きてもらうことは、めったにないからね。今日は大事なプロジェクトの準備をするために、早く会社へいかなきゃならないの」

ブラッドは目をこすりながら言った。「大丈夫だよ、ママ」ステイシーも声をはりあげた。「うん、いちばんにくるのは楽しいよ。好きなビデオゲームをえらべるもん」

ドアがあくと、メアリー・ジェーンはふたりをあずけて、それぞれをぎゅっと抱きしめた。ふりかえると、ふたりとももう遊びに夢中になっていた。

道路はすいており、五時五五分には熱いコーヒーとノートを手に、デスクの前にすわっていた。ペンを取り出し、大きな字で書いた。

態度を選ぶ

方法

・ミーティングをひらき、心をこめて話をする。
・態度を選ぶという概念を、みんなが理解し、自分の問題として考えることができるように伝える。
・動機づけをする。
・信念をもってやりとおす。

さてこれからが大変だ。三階のスタッフにどう言えばいいだろう？　メアリー・ジェーンは思いつくままに書きはじめた。

月曜日の朝、スタッフはふたつに分かれて交替でミーティングを行なう。片方のグループが会議室でメアリー・ジェーンと話をするあいだ、もう一方のグループが電話の番をする。そして終わると交替する。最初のグループが集まると、メアリー・ジェーンは家族の活動についての話や、月曜の朝につきものの不平や不満に耳をかたむけた。みんないい人たちなんだわ、と思った。みんなが話をやめて彼女に注意を向けると、動悸が速くなった。いよいよはじめなきゃ。

メアリー・ジェーンの話

「今日は大事な問題について話しあいたいの。何週間か前にうちの幹部がある会議に出席して、ファースト・ギャランティーはもっと活気のある、熱意にあふれた会社にならなければいけないと痛感してもどってきました。高い生産性、優秀な人材の確保、長期にわたる会社への忠誠、顧客を満足させるサービス、その他変化し再編が進むこの業界で競争していくために必要なさまざまな特質を生むのは、活気と熱意である、と彼は確信しているの。そして幹部会議をひらき、そこで三階のことを〝ごみ溜め〟と呼びました。そうです、うちのフロアのことをごみ溜めと呼び、大掃除が必要だと言ったのです」

メアリー・ジェーンはみんなの仰天した顔をながめた。古参の社員であるアダムがすぐに発言した。「その連中がこの仕事をするのを見てみたいね。こんな退屈な仕事はないんだから」

つぎに、もっとも活気にとぼしい社員が言った。「活気があろうがなかろうが関係ないじゃないか。仕事はちゃんとやってるんだから」

自分たちの部署がごみ溜めであるという非難に、反論するものはいなかった。

メアリー・ジェーンはつづけた。「この問題はなくならないということを、わかっていただきたいの。上司はそのことに興味を失うかもしれないし、ビルも時間がたてば忘れてしまうかもしれない。でもわたしはぜったいに忘れません。というのは、わたしも同感だから。この部署はごみ溜めです。会社のほかの部署は、わたしたちと仕事をするのをいやがっているわ。三階のことを〝穴ぐら〟とも呼んでいる。昼休みにはそのことで冗談を言いかわす。廊下でもわたしたちのことを笑っている。それも無理はないわ。わたしたち自身、ここへくるのがいやで、ここを穴ぐらと呼んでいる。でもその状況は変えられるし、変えるべきだと思います。その理由を知っていただきたいの」

びっくりした顔は、呆然《ぼうぜん》とした表情に変わった。部屋は静まりかえっている。

「わたしのことはみなさんの多くがご存じでしょう。ダンとわたしが希望と夢とふたりの子供をかかえて、この町へきたことを。ダンの突然の死で、わたしがひとりぼっちになってしまったことも。大きな出費はダンの保険でもまかなえないので、わたしは経済的に苦境におちいったの。

みなさんが知らないのは、それがわたしにどんな影響を与えたかということ。みなさんのなかにも、ひとりで子供を育てている方がいるから、わたしの言っていることがわかるでしょう。どうしてもこの仕事が必要だったので、自信を失ってしまったの。流れに身をまかせて、自分の立場をおびやかすようなことは一切しなかった。でもこれからはちがう。言いたいのはこういうことなの。わたしはいまでもこの仕事を必要としている。でもこれから引退するまでの人生を、ごみ溜めですごしたくはない。ダンが残してくれた教訓を、これまで生かしていなかった。退職するまでの日々をただ漫然《まんぜん》とすごすには、人生はあまりに貴重だという教訓よ。仕事についやす時間は長いので、それを無駄にするのはもったいない。ここをもっと楽しい仕事場にすることができると思うの。

さて、よい知らせがひとつあります。世界的に有名な組織で働いていて、活気ある職場のことにくわしい人を知っているの。いずれみなさんも会うことになるでしょう。今日は彼の最初のアドバイスを伝えます。わたしたちは自分の態度を選ぶことができる」

メアリー・ジェーンは、態度を選ぶという概念について話をつづけた。それから、何か質問がないかたずねた。

スティーヴが手をあげた。メアリー・ジェーンがうなずくと、彼は言った。「車を運転していて、どこかのバカが行く手をさえぎったとする。こっちは腹がたって警笛をならすか、その、下品な身ぶりをするかもしれない。その場合、選ぶも何もないじゃないか。ぼくがやったんじゃない。やられたんだ。選択の余地はなかった」

「ひとつききたいんだけどね、スティーヴ。もしそこが町のぶっそうな地域だったら、そんな身ぶりができる？」

スティーヴはにやっとした。「とんでもない。そんなことしたらやられちゃうよ」

「つまりぶっそうな地域ではどんな反応をするか選べるわけでしょう。それなのに郊外ではそれができないの？」

「わかったよ、メアリー・ジェーン。きみの言うことはわかった」

「いまのすごくいい質問よ、スティーヴ。ほかの人がどんなふうに運転するかはコントロールできないけど、それにどう反応するかは選べる。同じように、この会社でどんな仕事をするかは選べないけど、どんなふうにそれをするかは選べる。そのことを示す具体例と、自分が選べることを忘れないようにするためにできることを、考えてほしいの。幸運を祈るわ。わたしたちがオフィスでどんな毎日を送るかは、それにかかっているんだから」二回目のスタッフ・ミーティングも、一回目と同じように進んだ。質問が出なかったので、一回目のときのスティーヴの質問を使った。月曜の午前一〇時半、メアリー・ジェーンはミーティングで疲れきっていたが、これが自分の態度を選ぶ最初の機会であることに気づいた。

そしてそれを実行した。

一週間はあっというまにすぎた。メアリー・ジェーンは態度を選ぶことについてみんなが話をしやすいように、毎日オフィスのなかを歩きまわった。スティーヴは彼女を見ると言った。「ミーティングではすっかりやられてしまったな」

「きまり悪い思いをさせてごめんなさい」

「それどころかメアリー・ジェーン、とてもありがたく思ってる。最近、反発することがいろいろあってね。あなたのおかげで自分が大事な選択をしないといけないこと、ほんのすこしの自制心と勇気があればそれができることに気づいた」

「勇気？」

「実は恋人との仲がうまくいっていないんだ。なんとかしないといけない。反発したり、被害者意識をもったりするだけでは、問題は解決しないことがわかった。問題と向きあわなきゃいけないってことがね。あいまいな言いかたで悪いけど、プライベートなことだからね」

「うまくいくといいわね、スティーヴ。わたしを信頼して話してくれてありがとう」

「みんなあなたを信頼してるよ、メアリー・ジェーン。ただ仕事があまりに退屈で、文句ばかり耳に入ってくるもんで。いつも攻撃されてるような気分なんだ。でもあきらめないでやってくれ。全面的に協力するよ」

メアリー・ジェーンは励ましの言葉に驚くと同時に、喜んだ。スタッフの人たちは細かい点についてはわからないようだったが、もっと快適な仕事の環境をつくることには賛成だった。

そして金曜日にそれが起こった。三階でエレベーターをおりると、大きなポスターが目の前にあった。いちばん上に〈態度を選びましょう〉とあり、まんなかには〈本日のメニュー〉と書かれている。その下には二つの絵があった。一つはにこにこ顔、もう一つはしかめっ面《つら》だ。メアリー・ジェーンは有頂天になった。わかってくれたんだわ！　自分の部屋にかけこんで、ロニーに電話した。

メニューのことを彼に話してから、月曜のお昼にこのあいだの話のつづきをしようと提案した。が、来週まで待ちたくないと思いなおし、ロニーと話しあって土曜日に子供たちをつれて市場へいくことにした。

土曜日の魚市場

土曜日には市場はいつも混んでいるので、早くきたほうがいいとロニーは言った。メアリー・ジェーンが軽率にも、いちばん早い時間は何時ときくと、仕事は五時からはじめている、とロニーは言った。結局八時に会うことにした。

ブラッドとステイシーは眠そうな顔で車にのったが、シアトルに入って駐車場を見つけるころには、すっかりやる気になっていた。ふたりはひっきりなしに質問した。「どこで魚をつかまえるの？　大きな魚？　サメもいるの？　ほかにも子供がいる？」

三人はパイク・プレイスを歩いて市場へ向かった。メアリー・ジェーンはあたりが静かなのに驚いた。ロニーが魚売り場のそばに立っているのが、すぐ目に入った。彼女は売り場がきちんと整えられていることに感心した。魚やほかのシーフードが氷の上にならべられ、札にそれらの名前と値段と特徴が表示されている。台の上に、氷がしかれているだけで何ものっていない一角があった。

「おはよう」ロニーがいつもの笑顔で迎えてくれた。「このふたりの魚屋さんはだれかな？」

メアリー・ジェーンは子供たちを紹介した。ロニーは二人を歓迎し、そろそろ仕事をはじめようかと言った。メアリー・ジェーンがハンドバッグからノートを取り出そうとすると、彼はそれを押しとどめた。「いや、そういう仕事じゃない。きみたち三人に、魚をならべるのを手伝ってほしいんだ」

「やったあ」と、ブラッドが言った。

「きみたちの足にあう長靴はなかったけど、エプロンは三枚見つかった。さあ、これをつけて。魚をならべよう」

ステイシーはとまどったような顔をしている。メアリー・ジェーンは彼女を抱きしめた。ロニーはブラッドを店の裏にある魚の倉庫につれていった。そのあいだメアリー・ジェーンはステイシーが退屈しないように、いろんな売り場のあいだを歩いてまわった。一五分ぐらいすると、ロニーとブラッドが魚をいっぱいのせた大きなカートを押しながらもどってきた。もっと正確にいうと、ロニーがカートを押し、ブラッドはかろうじて足が地面につくという状態で、とってにぶらさがっていた。

遊び

「ママ、すごいんだぜ！　裏に百万びきぐらい魚がいるんだよ。そうだよね、ロニー？　ぼくも手伝ったんだよ」ロニーはにっこり笑ってうなずいたが、いかにも忙しそうなふりをした。「店をあけられるように、魚を氷に詰めなきゃ。いいかい、相棒、手を貸してくれるね？」

ブラッドは大喜びだった。ロニーがマグロをもちあげるのを手伝い、ロニーがそれを氷に詰めて、きちんとならべられた魚の列に加える。マグロはブラッドと変わらないぐらいの大きさがあり、メアリー・ジェーンはスマートフォンを出して何枚かいい写真を撮った。ロニーがブラッドを相手に仕事をする様子は見ものだった。ときどきロニーはブラッドをだまし、魚にかまれたふりをしたり、ブラッドを笑わせるようなことをした。あと二ひき分のスペースしかなくなると、ロニーは仕事をブラッドにまかせ、もちあげるときだけさりげなく手を貸した。もしそのときブラッドにヒーローを選ばせたら、まちがいなくロニーを選んだだろう。「今度はお母さんが仕事をする番だ。ノートを出して、メアリー・ジェーン。活気に満ちた仕事場に必要な二番目の要素を、ブラッドが教えてくれるよ」

「ブラッドが？」

「そうとも。自分の態度を選ぶ魚屋が選んだ第二の要素は、子供ならだれでも知っていることだ。年をとってまじめになるにつれて、その重要性を忘れてしまうんだ。ブラッド、休み時間に何をするか、お母さんに教えてあげなさい」

ブラッドは、彼を陳列台のはしにくぎづけにしているマグロごしに彼女を見て、「遊ぶ」と言った。メアリー・ジェーンは日記帳をひらいて、「遊ぶこと」と、書き入れた。最初の日にここで見た光景が目にうかんだ。あれは子供にかえった大人が、休み時間に運動場で遊んでいる場面だった。魚を投げ、仲間同士やお客とふざけあい、大声で注文を言い、みんなでそれを復唱する。あたりは活気に満ちていた。

「誤解しないでほしいんだが」と、ロニーが言った。「ここでやってるのは本物の商売だから、利益をあげるのが目的だ。給料もいいし、みんな真剣に仕事をする。でも真剣に仕事をしながらも、やりかたしだいで楽しめることもわかった。かたくるしくならずに、自然体でやるわけだ。お客は余興だと思ってるかもしれないけど、実は成人した子供が楽しんでるだけの話だ。ただし丁重にそれをやってる。

それによって得られるものは多い。魚はよく売れる。やめていく者はすくない。お互いに仲良くなる。勝利チームのメンバーのようにね。自分たちのやってることとそのやりかたに、誇りをもってる。それに世界的に有名になった。すべてブラッドが何も考えずにやってることからきている。ぼくらは遊びかたを知っているんだ！」

ブラッドが言った。「ねえ、ママ、いっしょに仕事をしてる人たちをロニーのところにつれてくれば？　そうすれば遊びかたを教えてもらえるよ」

人を喜ばせる

突然、メモを取っているメアリー・ジェーンに向かってだれかが声をかけた。「そこのレポーターさん、魚を買わないか？」ロニーの仲間のひとりがそばにやってきた。手には大きな魚の頭をもっている。「まけとくよ。ちょっと欠けてる部分があるけど、お買い得だよ」彼は魚の口を動かして、笑っているような顔をつくった。「これ、笑うスシっていうんだ。たったの一セント」そう言うとおどけた笑顔をうかべて彼女を見た。

ロニーも笑っており、むろんブラッドはそれをもちたがった。ステイシーは母親の脚のうしろに隠れている。メアリー・ジェーンは一セント玉を取り出して、〝ウルフ〟というあだ名のその店員にわたした。彼がなぜウルフと呼ばれているのかきく必要はなかった。髪はぼさぼさで、目は獲物を追跡するようにぬけめなくあたりに気をくばっている。しかしこのオオカミはあきらかに飼いならされており、おまけにおじいさんのような雰囲気をただよわせていた。ウルフは笑うスシを袋にいれてブラッドにわたした。ブラッドはにこにこしている。内気なステイシーもはじめて声をあげ、あたしもほしいと言った。ウルフはあと二つもってきた。これで三人とも笑うスシを手に入れることができた。

ロニーが言った。「ありがとう、ウルフ。エネルギーに満ちあふれた、世界的に有名な市場をつくるために必要な、三番目の要素をいま見せてくれたね」

「そうなの?」

「最初と二回目にここへきたときのことを思い出してごらん、メアリー・ジェーン。いちばん印象に残ってるのは何だい?」

「はたちぐらいの、赤毛の若い女性のことをおぼえてるわ。彼女、台にのって魚を受けとめようとした。もちろん魚はつるつるすべるから二回失敗したけど。でもすごく楽しそうだった」

「なぜそれがそんなに印象的だったの?」

「彼女がすごくいきいきしてたから。見物している人たちにも、それが伝わったわ。みんな自分が彼女のかわりに、台の上にいるような気分だった」

「ブラッドは今日あったことのうち、何をおぼえていると思う?」

「大人の仕事をやったこと。魚の倉庫にいって、あなたといっしょに仕事をしたこと」

「そのことを、人を喜ばせるってぼくらは言ってる。なるべくたくさんいい思い出をつくってあげるんだ。だれかに楽しい思いをさせると、いい思い出がつくられる。ぼくたちは楽しみながら仕事をしてるから、お客が参加できる方法をいろいろ見つけられる。参加。これがキーワードだ。お客とのあいだに距離をおくのでなく、相手を尊重しながらいっしょに楽しんでもらえるような方法をさがすんだ。うまくいくと、お客は喜ぶ」

メアリー・ジェーンはまた日記をあけて、「人を喜ばせる」と書いた。さまざまな思いで頭のなかがいっぱいになった。この人たちはみんなを参加させて、いっしょに楽しませる。お客もショーに加わることを喜ぶ。ここでいい思い出がつくられれば、その後長いあいだそれがほほえみと楽しい思い出話を生むことになる。ほかの人を参加させて、彼らに楽しい経験をさせるようにすれば、自然にお客のほうに注意がいく。すばらしい心理作戦だわ。だれかを喜ばせることに注意を集中していれば、つねにポジティブな感情が生まれる。

「もしもし？」

気がつくとロニーとブラッドとステイシーが彼女を見つめている。「ごめんなさい、それがどんなに効果的な要素かを考えてたの。ファースト・ギャランティーでも人を喜ばせる方法が見つかるといいんだけど」

「店があきはじめたね。子供たちに何か食べさせにいこう。そこで話をつづければいい。きみたち、おなかすいたかい？」

「すいた！」

注意を向ける

四人は通りをはさんだカフェにテーブルを見つけ、コーヒーとホットチョコレートと菓子パンを注文した。市場にはどんどん客が入りはじめている。ロニーは、魚屋の店員たちが客とやりあうさまにメアリー・ジェーンの注意を向けさせた。そして彼らの動きを見るようにうながし、注意深く見ていれば最後の要素がわかるだろうと言った。彼女はひとりひとりの店員に注目し、その楽しそうな様子や、快活な仕事ぶりに目を見張った。それから手のあいている店員に目を向けた。彼らは行動する機会をさがしているかのように、油断なくまわりに気をくばっている。

メアリー・ジェーンが答えを見つけられたのは、前の晩のいやな経験のおかげだった。眠くてきげんの悪い子供を二人つれてある店に入ったのだが、店員がべつの店員に、車をどのように改造したかを話しているあいだ、カウンターのところでえんえん待たされた。子供たちがいらいらして彼女の服を引っ張り、いつまで待たされるのだろうと腹がたった。ここではそんなことはぜったいないわ、と思った。店員はみな客に注意を向けている。仕事に専念しているのだ。ぼんやりすることもないのかしら？　ロニーにそれが答えかどうかきいた。

「そのとおりだ。ちっとも驚かないよ」彼はそう言って、少年のような笑顔を見せた。「ごみ溜めのみなさん、覚悟しろよ。いよいよ掃除係がやってくるから！」それからつづけた。「こないだ食料品店の肉の売り場で、自分の番を待っていた。店員たちは愛想がよかったし、楽しそうだった。ただ問題は、自分たちだけで楽しんでたことだ。ぼくも入れてくれてたら、まったくちがう経験になってただろうけど。店員たちはいい線いってたけど、大事な要素を欠いていた。客であるぼくに注意を向けなかった。みんな仲間のほうに気を取られていたんだ」

メアリー・ジェーンは日記をひらいて、「注意を向ける」と書いた。そこでロニーはこう言って、仕事仲間に注意を向ける姿勢を示した。「仕事にもどらなきゃ。仲間が喜んでかわりをつとめると言ってくれたんだが、あまり甘えるわけにはいかないから。でもいく前にひとつアドバイスしたい」

「きかせて」

「仕事のやりかたを指図するつもりはないけど、スタッフが魚市場の哲学を自分で見つける方法を考えたほうがいいと思う。口で言うだけでは、効果がないんじゃないかな。みんなをここにつれてくればいいとブラッドが言ったけど、いいアイデアだと思うね」

「あなたとブラッドがコンビを組めば完璧ね。問題を解決しようとあせるあまり、スタッフにも自分で学ぶ経験と、その経験を自分のなかに取り入れるための時間が必要だってことを、忘れるところだった。本当にありがとう……何もかも。おかげで三人とも楽しい経験をさせてもらえたわ」
ブラッドは家に帰るまでしゃべりっぱなしだった。彼に注意を向けておくのはひと苦労だった。何の脈絡もなく、ふとある考えが頭にうかんだ。メアリー・ジェーンはにやっとして、それを月曜日のために心にしまいこんだ。

彼女が教えてくれたことを、私は自分で発見した。
――読み人知らず

日曜の午後

日曜の午後の自分だけの時間に、メアリー・ジェーンは日記をあけて、メモに書きたした。この四つの要素をなんと呼んだらいいだろう？　行動の手順や要点にとどまらない。行動方針ではあるけれど、もっとそれ以上のものだ。「実践の原理」はどうだろう？　実践の原理は机上の理論とはちがう。実際に行動に移すものだし、実践するほどつかめてくるはず。よし、実践の原理がぴったりくる。

態度を選ぶ――これについては幸先のよいスタートをきったと思う。スタッフの考えたメニューはすばらしいアイデアだった。進歩のはじめての兆候だ。〝態度を選ぶ〟ことがうまくいかなかったら、あとは時間の無駄だ。この要素についてさらにさぐり、意識を浸透させていかなければ。

遊ぶ――魚市場は大人の遊び場だ。魚を売ることをあれだけ楽しむことができるなら、ファースト・ギャランティーにも望みがある。

人を喜ばせる――魚市場ではお客もいっしょに遊ぶようにしむけられる。参加をうながす雰囲気があるのだ。ロサンゼルス時代のボスとは大ちがい。彼はテープレコーダーに向かって話すようにわたしにしゃべり、おもしろい仕事は決していっしょにさせてくれなかった。

注意を向ける――魚屋の店員たちはつねに目の前のいまに注意している。ぼんやりしたり電話をかけたりはしない。まわりの人たちに気をくばり、お客と交流している。久しぶりに会った友だちのように、わたしが何を必要としているかに注意を向けて、話をしてくれる。

月曜の朝

エレベーターにのると、ビルがすぐ後ろにいることに気づいた。わざわざ彼の部屋までいく手間がはぶけたわ、とメアリー・ジェーンは思った。エレベーターは混んでいたので話はしなかったが、三階で扉があくとふりむいてビルに袋を手渡した。袋は潮の匂いを発している。「おみやげよ、ビル。笑うスシっていうの」扉がしまってから、彼が「メアリー・ジェーン！」と叫ぶのがきこえた。

デスクについた二、三秒後に、電話がなった。「妙なプレゼントだな」そう言うビルの声には笑いがこもっている。彼女は土曜日にしたことを彼に話した。「その調子でつづけてくれ。魚市場とファースト・ギャランティーがどう関係あるのかわからんが、これから忙しい一日をはじめようというわたしをにやにやさせられるんだから、何かいいことがあるんだろう」

電話を切ったあと、ビルとの関係がすこし変わったようだ、とメアリー・ジェーンは思った。ビルの部下で、彼と対等に話ができる人はあまりいないのだろう。妙な話だけど、わたしが彼をこわがらなくなったことを喜んでいるみたいだ。

月曜の朝の一回目のスタッフ・ミーティングで、メアリー・ジェーンはすぐ要点に入った。「毎日自分の態度を選べることを、みんなに徹底させるための方法を考えてくれてありがとう。とても元気づけられました。〈態度を選ぶためのメニュー〉はすばらしい思いつきよ。会社中のうわさになっているわ。やっとほめ言葉がきけるのは、うれしいものね。さて、そろそろつぎのステップへいきましょう。みなさんに見ていただきたいものがあるので、昼休みに実地見学を行ないます。このグループは水曜日、あとのグループは木曜日にいくことにします。お弁当を用意するので、何ももってこなくて結構よ。

行き先は、ほとんどのみなさんがもういったことのある場所です。パイク・プレイス魚市場へいって、エネルギーが満ちているとはどういうことかを見るの。そこにいる人たちは、わたしたちと同じような問題を、彼らなりに解決したの。彼らの成功の秘訣《ひけつ》を学んで、それを自分たちに応用できるかどうかを見てみましょう」

「歯医者の予約があるんですけど」「その日はお昼に約束があって」異議を申したてる声

が、そこここであがった。メアリー・ジェーンは自分でも驚くほど強い調子で、それらを一蹴した。「みんな必ず参加してほしいの。予定のある方はそっちを変更して。これはとても重要なことなの」

水曜日、最初のグループがロビーに集まり、市場へ向かった。「みなさんにしていただきたいのは、これから見る光景をしっかり観察すること」メアリー・ジェーンはそう言ってくすくす笑った。「ヨーグルトを用意しといてね」彼女がヨギ・ベラの言葉を引用して、「見ることでいろいろなことがわかります」と言うと、だれかがお義理で笑った。まあ、最初はそんなものでしょう、と彼女は思った。

一行が到着したとき魚市場は混みあっており、みんなすぐに離れ離れになった。そのため全員の反応を見ることはできなかったが、何人かのスタッフが楽しんでいるのが目に入った。ジョンとスティーヴが店員と話しこんでいるのを見て、もっとよく見ようと近づいた。「人に注意を向けると、相手をまっすぐ見る……親友と話してるときみたいにね……まわりでいろんなことが起こってても、相手のことだけを考えてあげられる」赤毛の店員がジョンに言っている。

えらいわ、ジョンとスティーヴ、なかなか積極的でいい、とメアリー・ジェーンは思った。

木曜日には二番目のグループが出かけた。最初のグループからいろいろきいていたにちがいない。質問はほとんどなく、みな控えめな様子だったが、やがて意外なことが起こった。ベテラン社員のステファニーが、カウンターの後ろへいって魚をキャッチしてみないかと誘われたのだ。オフィスでは内気そうに見えるが、ステファニーはそれに応じた。最初の二ひきは受けそこない、見物客は喜び、同僚たちはおもしろがった。だが三回目にはみごとに素手でキャッチし、万雷の拍手とやじと口笛を受けた。店員たちに楽しい経験をさせてもらったステファニーは、満足の面持《おもも》ちだった。

彼女に後押しされたかのように、ほかの人々も積極的に楽しみはじめた。魚が頭上をとびかうなか、ファースト・ギャランティーの面々がやったのは、ヨーグルトのカップを宙にかかげるだけではなかった。

金曜の午後のミーティング

金曜の午後に、メアリー・ジェーンはそれぞれのグループと会った。「パイク・プレイス魚市場のような楽しい職場で働けたらいいと思わない？」とたずねると、何人かがうなずいたり、ほほえんだりした。魚が宙をとんでいる光景が、みんなの頭をよぎったらしい。いちばん目立ったのはステファニーの笑顔だった。しかしやがてみな現実に引きもどされた。

どちらのグループでも、最初の笑顔のあとは抗議の声があがった。「ぼくたちは魚を売ってるわけじゃないからな！」と、マークが言った。「投げるものがないし」と、ベスが言い足した。「あれは男のやることよ」と、アンが言った。「われわれの仕事はつまらない」と、言う者もいる。「ノートパソコンを投げようぜ」と、だれかがふざけた。

「そのとおりよ。ここは魚市場ではないわ。やっていることがちがう。わたしがききたいのは、世界的に有名なパイク・プレイス魚市場のような活気に満ちたところで働きたくないかということ。いつも笑顔でいられるところ。自分の仕事とそのやりかたが好きだと思えるところ。毎日くるのが楽しみなところ。いろんな意味で自分の態度を選べることは、もう見せてくれたわね。それをもう一歩進めてみない？」

ステファニーが発言した。「ここにいる人たちは好きよ。みんないい人たちだから。でも仕事にくるのは大きらい。ここにいると息がつまりそう。まるでモルグみたい。正直に言うと、べつの仕事をさがしていたの。でももしここがもっと活気のある場所になれば、仕事をするのが楽しくなるでしょう。そうしたらぜったいにやめたりしない」

「正直に言ってくれてありがとう、ステファニー。とても勇気のいることだわ」

スティーヴがさらに言った。「ぼくもここをもっと楽しい場所にしたい」

ランディが手をあげた。

「どうぞ、ランディ」

「こないだ個人的なことについて話してくれただろう、メアリー・ジェーン。上司にそんな話をしてもらったのははじめてだった。それで考えたんだ。ぼくもひとりで息子を育てている。だからこの職と、いろんな手当てが必要だ。波風をたてたくはないし、悪いとは思ってるんだけど、ときどきほかの部署のやつらにいらだちをぶつけてしまう。こっちがこの穴ぐらにとじこめられているのに、向こうはいい思いをしてるように思えて。でもあなたのおかげで気がついた。ここを穴ぐらにしているのは、われわれ自身だと。穴ぐらにすることを選択できるのなら、ほかのものにすることも選べるわけだ。それができると思うとわくわくするよ。ここで楽しく仕事ができるなら、仕事以外のところでもそれができるはずだよね」

「ありがとう、ランディ」メアリー・ジェーンは感謝をこめて彼を見て、言い足した。「うなずいている人が何人かいるわね。あなたが今日ここで言ったのは、とても大事なことよ。心からの言葉に、みんな感動しました。ありがとう。協力してもらえてうれしいわ。みんなでもっといい仕事場をつくりましょう。そこにいるのが楽しくなるような。

月曜日から、魚市場の哲学をかたちづくっている原理を実践していきます。月曜までに、魚市場で体験したことを考えて、質問や思いつきを書いてきて。今度集まったときに、どんなふうに進めるかを話しあいましょう。市場で見たことが刺激になって、いい考えがうかぶようにね」

おどけたのがまた発言した。「パソコンを投げられないなら、せめてシュレッダーからでた紙くずを投げるわけにいかないかな」部屋は笑いにつつまれた。いい気分だわ、とメアリー・ジェーンは思った。

彼女はつぎに、市場で学んだことのまとめのコピーをくばり、順を追って自分の考えを説明した。そして週末に考えたことを忘れないように、書きとめておくようみんなに言った。

二回目のミーティングのあと、彼女は自分の部屋へもどり、ぐったりしてデスクの前にすわった。週末に考えるようにみんなに言ったけど、ほんとに考えてくれるかしら？　スタッフのうち五、六人がその週末に、さまざまな口実をつくって、家族や友人とふたたび市場を訪れることになるのを、メアリー・ジェーンは知るよしもなかった。

メアリー・ジェーンのまとめ

実践のための四つの原理

態度を選ぶ――魚市場の人たちは、毎日自分の態度を選んでいることを知っています。一人はこう言いました。「仕事をしているとき、どんな人間になる？ いらいらしたり退屈したりしている人？ それとも世界的に有名な人？ 世界的に有名な人間になろうと思うと、行動もちがってくる」わたしたちは仕事をするとき、どんな人間になりたいでしょうか？

遊ぶ――魚市場の人たちは仕事をしながら楽しみ、それがエネルギーになって、創造力を刺激します。わたしたちはどうすればもっと楽しみ、エネルギーをつくり出せるでしょうか？

人を喜ばせる――魚市場の人たちは、お客といっしょに楽しんでいます。お客を参加させることで活気と、和気藹々《あいあい》とした雰囲気をつくり出しています。わたしたちにとってお客はだれでしょう？　どうすればお客と、自分たちを楽しませることができるでしょう？

注意を向ける――魚市場の人たちは、仕事に全力を注ぎ、ほかの人が自分たちに何をしてほしいのかに気をくばっています。自分たちとお客に注意を向けることを、どんなふうに彼らから学べるでしょう？

月曜日に、あなたが考えたことをきかせてください。

週末の魚市場

「先生が宿題を出したの？」

ステファニーが顔をあげると、とんでいく魚とロニーの笑顔が目に入った。「こんにちは。そうね、ボスが宿題を出したと言えるかも」

「ひょっとして、ボスはメアリー・ジェーン？」

「どうしてわかったの？」その声は、べつの店員がにせのフランス語なまりでどなる声にかき消された。「マグロが三びき、パリへとんでった」それでもロニーには彼女の言ったことがきこえたらしい。ここの人たち、注意を向けるのがうまいはずだわ、と彼女は思った。この騒ぎのなかで何かきこうと思ったら、そうせざるをえないもの。

「この前、メアリー・ジェーンのグループといっしょにここへきているのを見かけたんだ。ぼくがおぼえてるかぎりでは、魚をうまくキャッチできたヨーグルトおばさんは、あなたがはじめてだよ」

「ほんと？」

「何か手伝おうか？　困ったような顔をしてるけど」

ステファニーはノートに目を落とした。「注意を向けるというのはわかるの。いまあなたがわたしにしてくれているのがそれね。それから、魚をキャッチしたとき……あんな楽しい思いをさせてもらったことは、忘れない。あと、仕事をしながら楽しむともっといい仕事ができる、その理由もわかる。でも、態度を選ぶというのが、まだよくわからない。だって、どんな態度をとるかは、どう扱われるか、どんなことが起きるかに影響されるでしょう？」

「それをきくのにぴったりの人物がいる。ウルフだ。プロのレーサーになろうとしていた矢先に、ひどい事故にあった。くわしい話はウルフにきいてくれ。裏の倉庫へいかなきゃならないけど、寒くない？」

「ぼくたちもいっていい？」

ステファニーが左手を見ると、スティーヴとランディと、かわいらしい男の子がいた。紹介しあったあと、みんなでウルフの話をききにいった。ウルフは、事故のけがから回復しつつあるとき、毎日自分の態度を選ぶようになった話をした。三人はその話に感銘を受け、月曜日のミーティングで同僚にも話すことを約束した。

その後スティーヴは帰らねばならなかったが、ステファニーとランディと彼の息子は、通りの向こうのカフェにいった。大人がコーヒーを飲むあいだ、ランディの息子は大きなチョコレートチップマフィンを食べた。

「ねえ」とステファニーが言った。「ごみ溜めを掃除したほうがよさそうね。べつの仕事がいまのよりいいという保証はないんだから。それに考えてみて。メアリー・ジェーンみたいに話のわかるボスは、そういないもの。すごく尊敬してるの。彼女、ずいぶん大変な思いをしてるでしょう。あのいけすかないビル・ウォルシュとも、堂々とわたりあったという話よ。ほかの部署の部長で、彼に反抗した人はだれもいない。それってすごいことだと思わない、ランディ?」

「ぼくも同じことを考えてたんだよ、ステファニー。魚市場のみんながあんなふうにできたんだから、メアリー・ジェーンみたいなボスのいるぼくたちだって何でもできるはずだ。簡単ではないけどね。仲間のなかにも、以前のぼくみたいにこわがってるやつがいる。こわいから疑い深くなってるんだ。ぼくたちが前向きな姿勢を示せば、役立つかもしれない。とにかく、変えようとしなければ状況はよくならない。ぜひよくなってほしいんだ」

ステファニーが車へ向かっていると、ベティが夫といるのが見えた。手をふってから、ほかにも同僚が三人、人ごみのなかにいることに気づいた。すばらしいわ、と彼女は思った。

計画の実施

月曜の朝のミーティングのために第一のグループが集まり、部屋はざわついていた。メアリー・ジェーンはこのような言葉でミーティングをはじめた。「わたしたちがここに集まったのは、ごみ溜めを一掃するためです。今日は市場からさらに学べることがないか見て、それからつぎのステップを決めましょう。先に進む前に、週末に考えたことで何か検討したいことがありますか？」

ステファニーとランディがぱっと立ちあがり、交代でウルフの話をみんなに伝えた。まずステファニーが言った。

「ウルフはとてもかっこいい人だけど、最初はちょっとこわかった。うなるような声で話すし。でもとにかく、プロのレーサーをめざしていたのに、思いがけない事故のために断念せざるをえなかった話をしてくれたの。彼が言うには、しばらくは自己憐憫《れんびん》にひたっていたけど、そのうち恋人に去られ、友人たちも電話してこなくなった。それで大きな選択を迫られていることに気づいたというの。生きることを選択して充実した毎日を送るか、逃したチャンスを惜しんで人生を無為に生きるか。それ以来、毎日を精いっぱい生きることを選択しているんだ、って。感動的な話だった」

「息子はウルフに夢中になってね」と、ランディはつづけた。「ウルフの話をきいて、ぼくたちのいるこの三階の状況を真剣に考えた。ここをどんな場所にするかは、自分たちにかかっていることをね。ウルフの教訓を生かせば、ここをすばらしい場所にすることができる。毎日どんな態度をとるかを選ばないといけない。それも賢明にね」

スティーヴもうなずいた。「ウルフの選択の話をきいて、自分は仕事についてどんなふうに話すことを選ぶのかを考えさせられたんだ。ぼくは不満をたくさん言ってきたけど、それについて何も行動しようとしなかった。たぶんぼくの言葉は、自分が何かをなしとげる力にはならない。でも、〝人を喜ばせる〟とか〝注意を向ける〟という言葉は、ぼくもだれかの毎日をよくすることができるんだって思わせてくれる。自分の仕事もいいものだなと思えるんだ。完璧ではないとしてもね」

「すばらしい意見ね、スティーヴ」メアリー・ジェーンは言った。「自分がいる場所の文化を変えたければ会話を変えることだ、ってきいたことがあるの。ロニーが言ってたけど、魚市場の人たちが自分たちの仕事について新しいとらえかたで話すようにしたら、仕事以外の生きかたも同じように変わったそうです。魚市場の哲学は、わたしたちみんなに新しい共通の言語をくれるでしょう。お互いに注意を向ける、お互いを喜ばせる、遊ぶ、態度を選ぶ。こうしたことについてみんなが話せば話すほど、前進するのをさまたげるような言葉を発しているひまは、なくなるでしょうね」

メアリー・ジェーンはそう言って、満足そうにほほえんだ。「ありがとう、スティーヴ。ありがとう、ランディ。ありがとう、ステファニー。みんなこの週末は忙しかったようね。時間外手当を要求されないのはありがたいわ」笑い声がおさまってから、メアリー・ジェーンはきいた。「ほかに、これらの実践の原理を理解するのに役立つ考えのある方は？」

四五分後、メアリー・ジェーンはディスカッションを終わりにすることにした。「この先どんなふうに進めていくか、何かアイデアはない？」

「四つの原理のそれぞれに、チームを決めたらどうですか？」新参の社員が言った。

何人かがうなずいた。

「ではそうしましょう」と、メアリー・ジェーンは言った。「あとのグループの人たちがこの案に賛成すればね。各自、自分の好きなチームに入ればいいわ。もうひとつのグループの賛同が得られれば、全部を覚え書きの形にして明日わたしします。ほかに話しあいたいことが何かある？」

ミーティングの終わりに申しこみ用紙をまわし、四つのチームのどれかに名前を書くようみんなに言った。第二のグループもチームをつくるというアイデアに賛成した。みな具体的な行動のプランができたことにほっとしているようだった。

チームが動き出す

〈遊びのチーム〉は希望者がすこし多すぎたので調整することにした。「〈遊び〉から〈態度を選ぶ〉か〈注意を向ける〉のチームに移った最初の三人に、本物のパイク・プレイス魚市場のTシャツをさしあげます」こうしてチームの人数のバランスがとれると、全体のガイドラインと期待をしるした覚え書きをまとめた。

チームのガイドライン

・各チームは六週間で自分たちのトピックを研究し、情報を集め、その結果を社外でのミーティングで発表する。
・発表には、実行するかどうか検討できる何らかの具体策がふくまれていること。
・各チームはそれぞれミーティングの時間をきめ、一週間のうち二時間をそれにあてる。仕事時間中にチーム・ミーティングに出席する者は、だれかに仕事をカバーしてもらうよう手配する。
・各チームはそれぞれの裁量で二〇〇ドルの予算を使うことができる。
・各チームは自分たちでミーティングを行なう。
・チームが行き詰まったときはわたしが調整役をつとめるが、できればチームが自分たちで問題を解決することを望む。

健闘を祈ります！　みんなが働きたいと思うようなオフィスをつくりましょう！

チームの発表

チームが動き出してから六週間たった。いよいよ発表の日を迎え、メアリー・ジェーンの気持ちは高まった。グループが全員集まれるよう、午前中どうしても必要な仕事だけほかの部署の人たちに代わってもらいたい、とビルにたのんでおいた。驚いたことに、ビルはそれを手配するだけでなく、自分も手伝おうと申し出た。「きみたちが何をやってるか知らんが、三階にいままでにないエネルギーがすでに感じられる。その調子でやってくれ。ほかに何かわたしにできることがあったら、言ってほしい」

メアリー・ジェーンはいささか緊張していた。どのチームからも最低一回はきてくれとたのまれている。彼女は自分が主導権をにぎることなく助言し、支えになるようつとめてきた。この二週間に、資料と会議室の使用許可は求められたが、それ以上の要求をしたチームはなかった。四つの発表がどんなものになるのか、まったくわからなかった。そして今日、みんなは社外でそれぞれのチームの発表をきくことになっている。

午前九時に、全員歩いてアレクシス・ホテルへ向かった。ビルやほかの有志がオフィスの番をするためにやってきた。「がんばれよ」と、ビルが言った。

アレクシス・ホテルへ到着すると、マーケット・ルームという名の部屋に案内された。ぴったりだわ、とメアリー・ジェーンは思った。発表は〈態度を選ぶチーム〉に最後にしてもらうことに決めていた。「それがすべての要素の基礎になっているわけだから、最後に検討したいの」と、各チームに説明してある。

会議室に入ると、胸がいっぱいになった。部屋には色と音楽とエネルギーがあふれていた。椅子にはひとつひとつ風船がくくりつけられ、色とりどりの花のアレンジが部屋をいきいきさせている。みんなチャレンジに応じてくれたんだわ、と思った。時計のネジが巻きなおされたのね。いちばんの驚きは、魚屋のいでたちをした男が部屋の奥にすわっていることだ。ロニーだった。メアリー・ジェーンは彼のとなりの席につき、発表がはじまった。

遊びのチーム

〈遊びのチーム〉のメンバーのひとりがみんなの注意をうながし、全員前に出るように言った。指示が出されているあいだ、みな手持ちぶさたの様子で立っていた。「わたしたちの発表は、全員が参加するゲームの形で行ないます」と、遊びのチームの代表者のベティが言った。

〈遊びのチーム〉が考えたゲームはつぎのようなものだ。カラー紙を丸く切りぬいたものを床にならべ、音楽にあわせて丸から丸へと進んでいく。それぞれの丸には、このチームの報告のキーポイントが記されている。音楽がとまると、その丸に立っている人がそこに書かれていることを読みあげる。書かれているのは、遊びの効用か、仕事に遊びを取り入れるためのアイデアだ。よくやったわ、とメアリー・ジェーンは思った。

遊びの効用

・楽しい気分だと人に親切にできる。
・楽しいときは創造性も高まる。
・時間が早くすぎる。
・楽しむことは健康によい。
・仕事自体が報酬になり、報酬を得るための方策ではなくなる。

三階で遊びを実行する方法

・〈ここは遊び場です。大人のかっこうをした子供に注意してください〉と書いたポスターをはる。
・「今月のジョーク」コンテストをはじめ、そのための掲示板をつくる。
・もっと色をふやして、環境を楽しいものにする。
・鉢植えや魚の水槽をおいて、いきいきした雰囲気をつくる。
・昼休みにコント大会などのイベントを開く。
・豆電球を用意し、元気を出したいときや、いいアイデアがうかんだときにつける。
・創造性を発揮するための教育を企画する。
・創造性をはぐくむための専用スペースをもうけ、〝砂場〟などのように名づけ

る
・遊び担当の委員会を立ち上げて、遊びのアイデアを募集する。

人を喜ばせるチーム

つぎは〈人を喜ばせるチーム〉が発表する番だ。「準備するあいだ廊下へ出て、コーヒーでも飲んでいてください」というのが、最初の指示だった。部屋に呼び入れられると、スタッフは小さなグループに分けられた。それぞれに〈人を喜ばせるチーム〉のメンバーがひとりずつ入っている。うろうろしているみんなに、ステファニーが指示を出した。

「グループごとに一五分かけて、わたしたちにとっていちばん重要な、社内の仕事相手をサポートし、仕事をやりやすくするための方法を考えてください。でもその前にあるデータを紹介します。これはわたしたちが行なったアンケートの結果です。

深呼吸して気持ちを落ち着けてください。これからお見せするのは、決して愉快なものではありませんから」スライドがうつされた。ショックの波が部屋のなかをかけぬけた。だれかが息をのむ音がきこえた。

他部署の人たちへのアンケートの結果

1　他部署の人たちはわれわれと仕事をすることをおそれている。みんなわれわれのことを〝夢遊病者〟と呼ぶ。まるで鎮静剤でものまされているように見えるからだ。人間味の感じられない応対をされるよりは、けんかをしたほうがましだという。

2　われわれのやる仕事は悪くはない。だが顧客へのサービスがしやすいように配慮することはまずない。与えられた仕事だけをやり、それ以外のことは一切やらない。

3　われわれはしばしば相手に対して、うるさそうな様子を見せる。

4　われわれは問題の解決に興味を示さず、相手をたらいまわしにすることがよくある。まるで責任を回避しているように見える。

5　四時以後に発生した問題に対するわれわれの反応、というより無反応について、みんな冗談を言いあっている。四時半にわれわれがいっせいにエレベーターに突進するさまも、物笑いの種になっている。

6　みんなわれわれに本当にやる気があるのかどうか、疑問に思っている。
7　われわれは〝衰退の最終段階〟と言われている。
8　われわれの部署をつぶして、かわりに外部に仕事を発注してはどうかという案が出されている。

ステファニーは言った。「わたしたちのチームはこの結果に最初はショックを受け、ついで怒りをおぼえました。でもしだいに、他の部署の人たちが本当にこう思っていることがわかってきました。どんな言い逃れや解釈をしようと、相手がこう感じている事実は変わりません。それが彼らの見たままの現実です。問題は、それに対してわれわれはどうすればいいかということです」

もうひとりのメンバーが、熱意をこめてつづけた。「われわれはファースト・ギャランティーのなかで自分たちがどんなに重要な役割をになっているかを理解していないと思います。おおぜいの人がわれわれにたよっています。われわれがへまをやったり、ぐずぐずしたりすると、その人たちの立場が悪くなります。われわれにはほかにもやることがあるとか、報酬の点で恵まれていないといったことは、彼らには関係ないことです。彼らはわれわれのサラリーを払ってくれる顧客にサービスを提供しようとしているだけです。そして彼らから見ると、われわれは質の高いサービスをはばむ要因なのです」

今度はステファニーが言った。「わたしたちはみなさんのアイデアを切実に必要としています。ごみ溜めから出て、社内の仕事相手を喜ばせる方法を考えてください。四五分かけて、グループごとにできるだけたくさんのアイデアを出していただきたいと思います。では席についてはじめてください。わたしたちのチームのメンバーが書記をつとめますから」ほんのわずかな沈黙のあと、各グループはすぐに問題に取り組みはじめた。みな最初の発表によって生まれたエネルギーに力を得ている。

時間がくると、ステファニーが言った。「それではちょっと休憩して、そのあいだに書記にメモをまとめてもらいましょう」一〇分後、彼女はふたたびみんなを呼び集め、全員で話しあいのまとめを見ていった。

人を喜ばせることの意味

・ビジネスにとって好ましい。
・相手によいサービスを提供すると、他人に奉仕する人間としての満足感が得られる。それによって自分自身の問題ではなく、どうすれば人の役にたてるかという点に意識を集中できる。これは健全でよい気分をもたらし、さらなるエネルギーを生む。

人を喜ばせる方法

・勤務時間をフレックス制にして、午前七時から午後六時まで必ずだれかがオフィスにいるようにする。これはみんなに喜ばれるだけでなく、勤務時間を変えてほしいスタッフにとっても好都合だ。
・いくつかのグループをつくって、どうすればみんなによりよいサービスを提供できるかを検討する。例えば、特定の相手に焦点をあわせた専門のグループをつくるとか。
・他の部署の推薦にもとづき、毎月および年に一度、人を喜ばせる質の高いサービスを提供した人を表彰する。
・他の部署も参加して多面的に評価する３６０度フィードバックのしくみをつくる。

・相手を驚かせ、喜ばせることに専念するプロジェクトチームをつくる。
・重要な社内の仕事相手を、月に一度「遊びにくるよう」誘う。
・スカンジナビア航空ではじまった「真実の瞬間」のアイデアを実現するための方法を考える。相手とのすべてのやりとりが好ましい結果になるよう努力する。

メアリー・ジェーンは内心大喜びだった。「みんながこれだけ真剣に取り組んでくれるなら、必ず部署の雰囲気を変えることができる。ステファニーはやる気満々で、彼女のグループにもその情熱が広がりつつあるみたい。これならやれる！　ぜったいにできる！」ロニーの満足そうな顔が、ちらっと見えた。

注意を向けるチーム

〈注意を向けるチーム〉はそれまでのチームとまったくちがうやりかたで発表した。気分が変わって、みんなも喜んだ。心が休まるような音楽がバックに流され、メンバーのひとりが言った。「目をつぶってリラックスしてください。それから深く息を吸ってください。現在に注意を向けるために役立つ一連のイメージを、これから紹介していきます」それが終わると、彼女は言った。「ではグループのメンバーが話をします。そのままリラックスして呼吸を整え、目をとじていてください」

それから心にひびくようなメッセージがいくつか読みあげられた。そのひとつはつぎのようなものだった。

過去は歴史
未来は謎
現在は贈りもの
だから現在をプレゼントと呼ぶ

ジョンが個人的な話をはじめた。「わたしは非常に忙しい生活を送っていました」悲しみのこもった声だ。「なんとか帳尻をあわせて、そこそこ豊かな生活をするために必死でした。ある日、娘が公園にいこうと言いました。いいねえ、でもいまは忙しいからだめだ、と答えました。仕事が終わるまで待ってくれと。でもいつも急を要する大事な仕事があって、いくことができませんでした。数日が数週間になり、数カ月になりました」結局、公園へいけないまま四年たってしまった、と彼は涙声で言った。娘は一五歳になり、もう公園にも、父親にも興味を失っているという。

ジョンは言葉を切り、深く息を吸った。「魚市場の店員のひとりと、注意を向けることについて話しました。おかげで自分が家庭でも仕事でも、相手がわたしに何を求めているのかにあまり注意を向けていなかったことに気づきました。店員は家族みんなで市場へくるように誘ってくれました。娘はいきたくないと言いましたが、なんとか説得してつれていきました。みんなで楽しいときをすごして、わたしは子供たちに注意を向けるようにつとめました。妻が通りの先のおもちゃ屋に息子をつれていっているあいだ、娘といっしょにすわって、それまで彼女に注意を向けなかったことをあやまりました。どうか許してほしい、過去を変えることはできないけど、これからは娘にしっかり注意を向けるよう努力するから、と話しました。パパはそんなに悪い父親じゃない、もうちょっとほがらかになればそれでいい、と娘は言ってくれました。まだ先は長いけど、だんだんよくなってきてはいます。注意を向けることで、失ったことに気づかなかったもの——娘との関係も取りかえせるかもしれません」

ジョンの話が終わると、ロニーは小声でメアリー・ジェーンに言った。「話に出てきた店員はジェイコブだ。やつはそれ以来有頂天になってる。まだ新入りでね、だれかを助けるのははじめてだったんだ」

ジャネットも、以前の同僚の話を気持ちをこめて語った。「あの人はいつもわたしの注意をひこうとしていました。でもわたしは個人的な問題で頭がいっぱいで、彼女の話をきいてあげませんでした。ところがそれから大変なことが起こりました。彼女は予測がはずれてクライアントに損をさせているのに、それをごまかすために偽のレポートを出しつづけていたのです。それが発覚したときにはもう手の打ちようがなく、彼女は仕事を失い、会社はクライアントと多額のお金を失いました。彼女があけた穴を補塡《ほてん》できなかったため、わたしも仕事を失いました。もし同僚が助けを求めたときに注意を向けてあげていれば、こんなことにはならなかったはずです」

つぎにベスがやはり個人的な話をした。あるとき、テレビの前でエアロバイクにのりながら雑誌を読んでいると、息子が入ってきてカウチにすわった。彼が悩んでいるのがわかった。「母親にはぴんとくるものなのです」と、ベスは言った。「以前なら、バイクをこぎつづけながら息子と話をしたでしょう。でも経験と離婚のおかげで、愛する者に接するときに効率を重視するのは賢明でもないし、思いやりのあることでもないとわかっていました。そこでテレビを消し、バイクをおり、雑誌をわきにどけて、一時間じっくり息子の話をききました。彼は人生のさまざまな問題に対処するのに苦労していることを話してくれました。息子とちゃんと向きあうことを選んで、本当によかったと思います」

ほかにもグループの何人かが、個人的な話や仕事の話をした。そして、これからは仲間同士と他の部署の人たちに注意を向けることを約束する、と述べた。「注意を向けると、相手に思いやりをもつことができます」と、チームのひとりがつけ加えた。彼らはまた自分たちのあいだで、あるいは社内の仕事相手と何らかの問題を話しあっているときにも、注意を向けることを誓った。真剣に耳をかたむけ、気を散らさないようにするのだ。お互いに「いまいいですか？　きいてもらえますか？」ときくようにしてもいい。こうした問いかけをしやすいように、チームは合い言葉を考えた。相手が注意を向けていないように見えるとき、「気が散ってるようだけど」という合い言葉で気づいてもらおうというのだ。それをためしてみることにみんなも同意した。また同僚や顧客と電話で話しながら、メールを読んだり書いたりするのはやめようということにも、全員が賛成した。

態度を選ぶチーム

最後に〈態度を選ぶチーム〉が発表した。彼らのレポートは短く、要点をついたものだった。「わたしたちのチームが考えた、態度を選ぶことによってもたらされる効用はつぎのようなものです。

まず自分の態度を選ぶのは自分であると認めることにより、自分に責任をもち、活動的になることができます。それだけでも三階に活気がもたらされるでしょう。

二番目に、自分の態度を選べば、被害者のようにふるまうわけにはいきません。

三番目に、おそらくわたしたちが選ぶのは、仕事に意欲をもち、自分の仕事を好きになろうという態度でしょう。いまやっているのは、自分がいちばん好きなことではないかもしれない。でも、やっていることを好きになろうと努力することはできます。わたしたちは自分の最良の資質を仕事に向けることができます。そうすることを選ぶのです。もしこのひとつのことができるなら、わたしたちのオフィスはこのきびしい業界のなかで、エネルギーと柔軟性と創造性に満ちたオアシスとなるでしょう」

態度を選ぶことを実行する

チームの精力的な代表者であるマーガレットは、〈態度を選ぶ〉を実行するための方法は、きわめて個人的なものである、と話した。「わたしたちの多くは、自分に選ぶ能力があることを見失っています。お互いに思いやりをもちながら、ともに自由意志を行使する能力をはぐくんでいく必要があります。もし選択肢があることを知らなければ、あるいはそれがないと思いこんでいれば、選択の余地はありません。わたしたちのグループのなかには、大変つらい経験をしている人もいます。人によっては自分の態度を選べるという考えを身につけるのに、時間がかかるでしょう」

べつのメンバーがつづけた。「わたしたちは態度を選ぶことを実行するための方法をふたつ考え、すでにそれを進めています。

まず『自分で選ぶ責任――充実した仕事時間への道』という小冊子を全員に一冊ずつ購入しました。みなさんにそれを読んでいただいてから、グループをつくって話しあいます。

それがうまくいけば、『7つの習慣』と『愛すること、生きること』についてのディスカッションを行ないます。この二冊は時代をこえて広く読まれている本で、まだ読んでいない方なら興味をもってもらえるのではないかと思います。いずれも、態度を選ぶという概念を理解するために役立つ本です。

つぎに、オフィスで使っていただくための、態度のメニューをつくりました。これは前にも見たことがあるでしょう。オフィスのドアにあのポスターをはりつけたのがだれかわからないので、その人に敬意を表すわけにいきませんが。これからはこのメニューから毎日の態度を選ぶことができます」

メアリー・ジェーンは自分のメニューを見た。両面に絵がかかれている。片面にはまゆをしかめた顔があり、そのまわりに怒り、無関心、恨みといった言葉がある。もうひとつの面には笑顔と、エネルギッシュ、思いやり、元気、協力、創造的などの言葉がある。いちばん上には、〈選ぶのはあなた〉と書かれている。三階の正面のドアにはられたメニューを発展させたものだ。メアリー・ジェーンは席を立って、ひとりひとりのスタッフをねぎらいはじめた。ロニーもそれにつづいて、彼なりの励ましの言葉をかけた。メアリー・ジェーンが全員と話し終えたときには、昼すぎになっていた。いまやごみ溜めが一掃されようとしていることを、彼女は確信した。

ロニーはメアリー・ジェーンを会社まで送っていった。ふたりが人目をひいたことは言うまでもない。スーツ姿の女性と、作業着姿の魚屋がいっしょに歩いているのだから。ロニーを知っている人が多いのも驚きだった。

「じゃきみのボスは、転職の誘いのことは知らないんだね」と、ロニーは言った。二週間前、ファースト・ギャランティーのライバル企業からメアリー・ジェーンのもとへ、思いがけない電話がかかってきた。うちの会社へこないかという誘いの電話だった。

「知らないと思うわ。たぶんわたしを引き抜こうとした人は、前の上司から話をきいたのだと思う。彼女は最近ファースト・ギャランティーをやめて、ポートランドにある会社のとてもいいポジションに移ったの。職場ではだれにもそのことは言ってないわ」

「どうしてそんなおいしい話を断ったんだろうと思ってたけど、その理由がわかったよ。

きみは責任をもってこのプロジェクトをやりとげようとしているんだね。みんなを見捨てることができなかったわけだ」

「それだけじゃないのよ、ロニー。ファースト・ギャランティーをもっと働きやすい楽しい場所にするために、こんなにがんばったんですもの。やめることなんかできないわ。いい思いをするのはこれからなのに」

二月七日、日曜日——一年後、コーヒーショップで

メアリー・ジェーンは『シンプルな豊かさ』の本を取り出し、二月七日のページをあけた。

感無量だわ。一年前、わたしはここにすわって、いったいどうやってごみ溜めを掃除しようかと考えていた。そして自分にも問題がある、みんなを引っ張っていくにはまず自分を変える必要がある、と気づいたのだ。

ホテルでのチームの発表は幸先のよいスタートだった。スタッフはもともと能力のある

人たちだった。魚市場のみんなが、それを引き出してくれたのだ。いまでは三階は見ちがえるようなすばらしい場所になっている。わたしたちの新しい問題は、会社中の人がうちの部署で働きたがることだ。たぶんエネルギーは最初からそこにあったのだろう。

会長賞をもらえたのは思いがけないことで、うれしかった。会長はわたしが賞状のコピーをたくさんほしいと言ったので、びっくりしたようだった。わたしとビル、部署のみんな、そしてロニーとほかの店員たちもそれぞれ一枚ずつもらった。世界的に有名なパイク・プレイス魚市場のレジの上にそれがかかっているのを見ると、うれしくなる。それはロニーの家の居間にも飾られている。

日記のお気に入りの個所をあけた。ジョン・ガードナーによる人生の意味についての考察を書き写したページだ。

意味

それはなぞなぞの答えや宝さがしの賞品のように、偶然見つけるものではない。意味は自分で人生のなかに組みこんでいくものだ。それは自分の過去、愛情、忠誠心、祖先から受けつがれた人類の知恵、才能、知識、自分の信じるもの、愛するものや人、何かを犠牲にしてもかまわないと思うような大事な価値などからつくられる。材料はそろっている。それを組みあわせて人生をつくることができるのは、自分だけだ。自分にとって尊厳と意味のある人生をつくりあげよう。それができれば、個々の成功や失敗は、とるに足りないものになる。

——ジョン・ガードナー

メアリー・ジェーンは、自分の考えや心を豊かにするヒントが書かれた日記をとじながら、あふれる涙をぬぐった。

「ロニー、あなたが全部食べちゃう前に、そのスコーンをひとつもらえる?」ロニーは本を読みながら、静かに彼女の向かいにすわっていた。彼はメアリー・ジェーンのほうに皿をおしやった。スコーンをつまもうと手をのばすと、皿の上にはスコーンならぬ一ぴきの魚の頭がのっていた。その大きくあいた口のなかに、小さなダイアモンドのエンゲージリングが入っている。ロニーを見上げると、心配そうな顔に問いかけるような表情をうかべている。メアリー・ジェーンは息がつまるほど笑いながら言った。「ああ、ロニー! もちろん、答えはイエスよ! でもあなたってどんなときでも遊ぶのをやめないのね」

その日、シアトルは天気が悪かった。外は寒くて暗く、陰うつだったが、なかの雰囲気はそれとは正反対だった。

会長賞の授賞式

会長が演壇に立ち、観衆を見わたした。彼女はメモを見て、ふたたび顔をあげて言った。

「わたしの人生で、今夜ほど誇らしく思ったことはありません。ファースト・ギャランティーですばらしいことが起こったのです。裏方の仕事を担当する三階のある部署で、メアリー・ジェーン・ラミレスと彼女が率いるスタッフが、貴重な発見をしました。その日に満足のいくやりがいのある仕事をするかどうかは、朝、会社にくるときに自分で選択できるというのがそれです。『今日はいい一日になるだろうか？』と自問し、『もちろんなる。今日をすばらしい日にするんだ！』と答えればいい。それくらいシンプルなことなのです。

ベテランも新入社員と同じ情熱をもち、きまりきった仕事と思われていたものも、付加価値のついた活動に変わっています。きくところによると、このような変化をもたらした要素は、地元の魚市場で発見されたということです。三階の人々は、魚市場をすばらしい仕事場にすることができるのだから、ファースト・ギャランティーのどんな部署も、同じようにすばらしい仕事場にできると考えました。

この変化をもたらすための要素を刻んだプレートが、本社ビルの正面玄関にかけられています。内容はつぎのようなものです」

わたしたちのオフィス

この仕事の場へ入るときは、今日をすばらしい日にすることを選択してくださ い。あなたの同僚、顧客、チームのメンバー、そしてあなた自身が、そのことに感謝するでしょう。遊びの方法を考えてください。難しい顔をしなくても真剣に仕事をすることはできます。顧客やチームのメンバーがあなたを必要とするときに注意を向けられるよう、いつも気をくばっていてください。エネルギーが枯渇《こかつ》してきたと感じたときは、効果満点のこの治療法をためしてください。手助け、支えの言葉、よき聞き役を必要としているだれかをさがして、喜ばせてあげるのです。

《フィッシュ！》実践レッスン

ここまで読み終えたら、つぎに知りたいのは「これをどうやって毎日の生活で実践するか」だろう。ここでは、《フィッシュ！》の哲学を仕事や生活にうまく取り入れている人に話を聞いてまとめた、実践のための基本的な心がまえを挙げていく。さらに、《フィッシュ！》哲学の四つの原理を実際の生活に生かしている人たちの体験談を四つ紹介する。

それぞれ、明るく楽しむ心、人のために何かしたいという気持ち、相手にしっかり注意を向ける態度、自分が選んだ態度に責任をもつ姿勢といった要素が、人や組織を変える道を開くことがわかる実例だ。

どんな自分になるか

《フィッシュ！》は守るべき決まりでもなければ、ひとつずつこなして完成させるチェックリストでもない。《フィッシュ！》哲学は考えかたであり、なりたい自分になるにはどうすればいいかをより明快に見えるようにするレンズだといえる。《フィッシュ！》を実践すると、自分が何かをしているときに「どんな人間になるか」をより意識できるようになる。

行動を起こすのは自分

だれかがあなたのために《フィッシュ！》哲学を実践してくれるわけではない。まわりで何が起きたとしても、自分がどう生きるかを選ぶのは自分だけだ。

あなたの選択がほかの人もひきつける

《フィッシュ!》を実践すると、人との関係にも自分自身にも前向きな変化があらわれる。するとあなたと同じような考えの人がそれに気づいて、「何それ? わたしもやってみたいけど、どうすればいい?」とたずねてくるかもしれない。

言葉があなたの世界をつくる

どんな言葉を使うかは、あなたの考えかたや行動にも影響する。《フィッシュ!》の原理はポジティブな言葉を生みだし、人とのやりとりも自分の内面のやりとりも、自分と相手の人生をよりよいものに高める対話にすることができる。

お互いを認める

《フィッシュ!》の精神を生かしているコミュニティでは、その精神を実践した人をお互いに認めあう。職場の仲間が顧客や同僚に対して《フィッシュ!》哲学のどれかを実践しているのに気づいたら、その行動と、そういう人でいることを選んでくれたことに感謝を伝えよう。それによって「相手を喜ばせる」と同時に、お互いに《フィッシュ！》を実践しあおうとする意志の強化にもつながる。

率先してやってみせる

近年、成果をあげるリーダーといえば、みずから率先して例を示してチームを引っ張るタイプのリーダーだろう。あなたがリーダーであれば（人はだれでもなんらかの形で人を率いる場面があるものだ）、《フィッシュ！》の哲学は支援型、奉仕型の「サーバントリーダーシップ」を発揮するための強力なツールになる。チームに《フィッシュ！》を実践してもらいたければ、まずリーダーが実行してみよう。

《フィッシュ！》は一日やって終わりではない

職場で《フィッシュ！》を導入するときには、まず「遊ぶ」から入ると決めて、「おか《クレ》しな帽子をかぶる日《イジー・ハット・デー》」「お楽しみ金曜日《ファン・フライデー》」のようなイベントを企画するケースがある。一緒に働く人同士が仲間意識を高め、感謝の気持ちをもち、ともに楽しむアクティビティは何であれよいものだ。ただし、その日だけやって終わりにしないことが大切。おかしなネクタイをみんなでしてこなくても、仕事に楽しみを見いだし、前向きな変化を起こすことは可能だ。

《フィッシュ！》の四つの原理は関連しあっている

四つの実践の原理は互いにかかわりあっている。ひとつがうまくいっているところでは、ほかもうまくいっているものだ。これから紹介する四つの実例はそれぞれひとつずつの原理にスポットをあてているが、自然とほかの三つもうかびあがってくることに気づくだろう。

《フィッシュ！》らしい最高のホームカミング

教育現場で行動規範に《フィッシュ！》を導入したところ、教職員も子供たちもお互いに相手に喜んでもらえる行動をとるようになった例

ルイジアナ州ニューオーリンズ近郊の大規模な学区に勤めるタマラは、子供たちの行動指導を専門にしている。タマラはよくこんな疑問を抱いていた。「読みがうまくできない子がいても、罰を課したりはしない。読みかたを教える。であれば、問題行動については

なぜ同じようにしないのだろう?」

好ましくない行動をとった生徒にただ罰を与えても、とくに長い目でみると効果がないとタマラは感じていた。それよりも、取るべき望ましい行動を教えるほうがよっぽど意味がある。とはいえ、どんな方法が効果的なのだろう?

そこでタマラは《フィッシュ!》と出会い、学校の望ましいありかたがその哲学に示されていることに気がついた。小学校一年生でも高校生でも、《フィッシュ!》の四つの原理は覚えやすく、実行しやすい。「人を喜ばせる」「注意を向ける」といった概念によって、子供たちの考えかたは「自分のために何をすればいいか」から「ほかの人のためにできることは何だろう?」へと変化していった。難しい状況におかれたとき、どう対応するかは自分で選べるんだと理解できた結果、それまではなかったような「ものごとを自分でコントロールできている感覚」をもつことができた。ポジティブな何かをやりとげるほうが、ネガティブな何かをしないようにするより気分がいいこともわかったのだ。

現場で働く職員にもよい影響があった。タマラは事務職から校務員まで、《フィッシュ！》の原理をすべてのスタッフと共有し、生徒たちが学校のどこにいても同じメッセージを受け取れるよう取り組んだ。子供たちにきちんと注意を向けることで、結びつきが強まり、信頼が築けた。これまで人を寄せつけなかったような生徒が気持ちを話すようになり、やがて心を開いていった。あるとき、態度や行動に問題のあった小学生がタマラにこう言ったという。「《フィッシュ！》って大好き！　なんでかわかる？　先生が話を聞いてくれるようになるからだよ」

学区では行動支援プログラムとして「ポジティブな行動介入および支援」（Positive Behavioral Interventions and Supports　ＰＢＩＳ）と呼ばれる方式を採用していて、《フィッシュ！》はそのなかの取り組みのひとつだ。ＰＢＩＳを採用している各学区では、何を望ましい行動として教え、後押しし、評価していくかを選択するのだが、タマラの学区では《フィッシュ！》がみごとに機能した。

ＰＢＩＳでは、教師や職員が学校生活のさまざまな場面で四つの原理を積極的に実践していく。ある小学校では毎朝、先生と子供たちが集まって、自分が実践した《フィッシュ！》にそった行ないを話しあう場を設けている。例えば、ある小学一年生は友だちの持ちものを奪ってこいとほかの子に言われたが、「そんなことをしたらその子が喜ばないから」断った、と話してくれた。高校生は入学時に意思決定やストレスマネジメントとあわせて《フィッシュ！》の四つの原理を学び、ともに高校生活を送る仲間の一員としてうまくやっていく心がまえを身につけてもらう。こうした学びが「社会的能力」を育て、この先の人生を通じて役立つ力になってゆく。

教室、カフェテリア、みんなが通る廊下など、共有スペースに大判のポスターを作ってはり、それぞれの場所でどんな行動が《フィッシュ！》の理念にかなっているかを決めて、共有することもできる。教員のチームは映画館、家庭、スーパーなどの店舗で四つの原理をどう生かせるかを考え、パンフレットにまとめる取り組みも行なった。

プログラムのかなめは、行動をその場で評価し、ほめる点にある。《フィッシュ！》の原理を実際の行動に生かしている生徒に気づいたら、教職員はただ「よくできました」と言って終わりではない。生徒の目を見て、その子の行動を具体的に言葉にして評価し、職員と生徒が一緒に実践していこうと決めたふるまいにどうふさわしかったかを伝えるようにした。

効果は明白にあらわれた。まず、タマラの学区内で遅刻の回数が激減した。ある学校では、期間中に数えきれないほどあった遅刻が七回にまで減っている。そして、問題行動も少なくなった。タマラが読んだある調査報告によると、体系的なアプローチを取らなかった場合、問題行動が原因で教員の時間は年間七一日ぶんも失われているというデータがある。授業が中断する、生徒の注意を授業に戻す、生徒を教員の部屋へ呼び出す、といった対応に時間をさくためだ。ふさわしい行動を身につけさせることにより、学区内の学校では教室での貴重な時間を取りもどすことができ、より多くの学びにつながったのだ。

タマラの学区では、いじめをなくす取り組みにも《フィッシュ！》を応用した。合言葉は「良心ある人が何もしなければいじめがはびこる」だ。いじめはいじめる側といじめられる側だけの問題ではなく、いじめが起きるまま傍観している側の問題でもある。《フィッシュ！》を取り入れたアプローチでは、「お互いに相手に注意を向け、いじめはよくないと意思表示すること」を大事にする。やがて相手の立場で考えてみる力がめばえるようになり、いじめは大きく減った。

　他者への気づかいと思いやりを大切にするこの精神が最高の形であらわれたのが、学区のある高校のホームカミング（卒業生が母校に集まるイベント）で起きた印象的なできごとだった。その年、生徒は自分たちで考えて、ホームカミングのクイーンを選ぶことにした。いわゆる人気のある生徒やスポーツで目立つ生徒を選ぶのではない。もっと大切な要素に目を向け、《フィッシュ！》の理念の最高のお手本だと思う生徒をクイーンに選んだのだった。

　イベント当日、会場であるスタジアムの席は観客で埋まっていた。選ばれたロイヤルメンバーが順に紹介されるにつれ、期待は高まり、歓声があがる。いよいよクイーン発表のとき。いつの年も最高潮をむかえる瞬間だが、この年の雰囲気は高揚感にみちていた。ステージでクイーンに冠が授けられると、会場は自分たちが選んだクイーンに贈る割れんばかりの拍手と歓声に包まれた。クイーンは脳性麻痺があり、不屈の精神でこれまでにいくつもの困難を乗り越えてきた生徒だった。彼女の顔に誇らしげな笑みが輝くのをみて、思わず涙した観客も少なくなかった。

高校の校長はタマラに、生徒たちを誇りに思う、これほどすばらしいセレモニーを体験できて本当にうれしい、と語った。学校での行動規範に《フィッシュ!》を導入してはどうかとタマラが提案したとき、はじめは懐疑的だった、と校長は告白した。「でもいまは、自分たちの取り組みの価値を確信しています。このときのようなすばらしい夜は、みんなではぐくんできたわが校の精神があってこそ実現したのですから」

「そう、〝人を喜ばせる〟という精神ですね」タマラはそう言って笑顔をみせ、光る涙をそっとぬぐったのだった。

病を得て気づいた「毎日が大切なギフト」

人生には、自分ではどうにもできない壁が立ちはだかるときもある。それでも、その壁にどんな態度で立ち向かうかは自分の選択だ。

営業職をしているインゲは以前から身体の不調に気づいていたが、激務からくるストレスのせいだろうと考え、長いあいだ放置してしまっていた。ようやく病院で診《み》てもらい、ひととおり検査をしたところ、命にかかわる重大な結果が明らかになった。ほぼ確実にがんとみられる大きな腫瘍があり、すぐに摘出しなければならない。

手術を担当する医師はインゲにリスクを説明し、「身辺の整理」をするよう勧めた。

「どういう意味ですか」インゲはたずね、しばらく間をおいて、つづけた。「葬儀までもろもろ含めて、と？」

「そうです」医師は静かに答えた。

ショックで呆然としながらも、翌週インゲは子供たちに手紙を書き、葬儀の準備をはじめた。

そうして数日が過ぎ、葬儀のプランを確定するために会場の施設へ向かっていたときのこと。インゲはふと、最近親しい友人から聞いた話を思い出した。「職場で《フィッシュ！》哲学っていうのを話しあってるの」友人はそう言っていた。変な名前だな、とインゲは思ったが、友人から《フィッシュ！》哲学とは何なのかを聞くうち、ふたつの概念に興味がわいた。「注意を向ける」と「態度を選ぶ」だ。

車を走らせながら、自分がいますべきことが見えてきた。この先に待つ不確実な未来に向きあう態度を、意識的かつ意図的に選ぼうと決めたのだ。インゲは明確な目的意識を抱いてそのまま道を引きかえし、家へ向かった。

インゲはがんを「かたまり」と名づけ、周囲の人にもそう呼んでもらうことにした。がんに打ち勝てるかはわからないけれど、かたまりにならなら立ち向かえる。そう思った。

手術の日の朝、目覚めたインゲは気力がみちていた。葬儀施設に電話をかけ、計画していた葬儀はとりやめたい、とメッセージを残しておいた。「考えなおして、やめることにしましたので」

手術室へ入ると、担当チームにあいさつしたい、とお願いした。「わたしがこれまで見てきたこと、言われてきたことを、みなさんも知ってらっしゃると思います。わたしが手術台の上で死ぬ可能性があるということです」インゲはそう切り出した。「でも、六月末には、娘が優秀な成績で修士号をふたつ取って卒業式を迎えます。わたしはシングルマザーで、娘のためにその場にいなくてはなりません。それに娘は九月には結婚を控えていて、バージンロードを一緒に歩くという約束を破るわけにはいきません。

みなさんには、この部屋ではネガティブな考えを一切もちこまないようにお願いしたいのです。エネルギーをください。笑いと、少しの祈りをください。わたしの人生をよくしてやるんだという姿勢で手術に臨んでいただきたいと思うのです。手術のあいだ、わたしを見て、娘と一緒にバージンロードを歩くひとりの女性を思いうかべてみてください」

それから、家で用意してきた、お気に入りのごきげんなロックが詰まったCDを手渡した。麻酔で眠りにつく直前、インゲの耳にきこえていたのはリトル・リチャードの「トゥッティ・フルッティ」と、看護師の笑い声だった。

手術が終わり意識が戻ると、看護師がにっこり笑って大丈夫ですかと声をかけた。「もちろん大丈夫よ」インゲはそっと答えると、回復に向けて深い眠りにもどっていった。数時間後、執刀医が立ち寄ると、インゲは手術が成功したことへの感謝を口にした。医師は「かたまり」はすべて摘出できたはずですと自信をみせ、予後は順調だと説明した。そして、インゲが託した曲のおかげで手術チームのみんなが意識を集中させ、最後まで気力を充実させて前向きに仕事にあたれた、と話した。

ＣＤはもらってください、とインゲは言った。「今回こうしてがんと向きあってみましたけど、すごく楽しかったわけではないので、もう二回目はやらなくていいかな」そう言って笑ってみせた。

医師も笑って応え、手術チームに対してあなたみたいなお願いをしてきた人はいなかったし、変化が生まれた、と付け加えた。今後も手術前に同じようなメッセージをチームに伝えるのかとインゲがたずねると、医師はそうするつもりだと応じた。一年後、経過をみるためにインゲが診察に訪れると、医師はあのＣＤをいまも使っていて、ほかにも明るい曲を集めたサントラを作って手術室でかけているんだよ、と話してくれた。

人生も、病気も、たとえ最高に前向きな態度で臨んだとしても、必ずこうなるという保証はない。インゲは自分でコントロールできることに対して、こういう姿勢で臨もうと決め、実行した。それによって手術を担当するスタッフの医療スキルが向上したわけではないかもしれない。だが、スタッフがもっているスキルをどう生かし、発揮するかに影響を与えたのはまちがいない。

インゲは「かたまり」が自分の目を覚ましてくれた、と言う。人生を新たな目で見ることができるようになった。人間は一人ひとりだれもがギフトであり、めぐってくる一日一日がギフトなんだ。当たり前に存在するものなんて何もない、そう考えるようになった。遊んで、楽しもうと決めた。できるだけのことをして注意を向け、自分がとる態度をためらわずに選んだ。「そうすることで、毎日がよりよい日になり、自分がいかにすばらしい人たちにかこまれ、たくさんの恵みを受けているかをいつも意識できるようになりました。そうするとわたし自身も、まわりの人たちも、幸せになれるんです」

客と店員、それぞれが相手に注意を向けることの意味

姪のためを思う女性、機械的に仕事をしていた書店員、《フィッシュ！》を愛するひとりの男性の出会いが生んだ、「注意を向ける」ための意義あるレッスン

ハリー・ガイストは何かにつけて《フィッシュ！》哲学の話をしたがる。それもそのはず、ハリーはチャートハウス・ラーニング社で、《フィッシュ！》をさまざまな職場に取

り入れるサポートをするのが仕事だ。

それでも、ハリーにとって《フィッシュ！》は単なる仕事を越えた哲学だと言える。ハリーは以前から気づかいのできる人物だが、《フィッシュ！》の実践を重ねるにつれ、人と接するときの姿勢が変化していった。店や飲食店に入ると、担当してくれる店員に必ず自分の名前を名乗り、相手の名もたずねる。そして店にいるあいだは応対する店員の名前をきちんと呼び、してくれた仕事に対して心からの感謝を必ず伝えている。

あるとき、チャートハウス社のＣＥＯジョン・クリステンセンといっしょに仕事でロサンゼルスへ行ったときのこと。ホテルへ着くと、ハリーは部屋へ案内してくれるベルボーイに自分から名前を名乗った。そしていつものとおり相手にも名前をきき、感謝の意を伝えた。数日後、出張を終えて帰る前に、ジョンがふとロビーで先のベルボーイに声をかけた。「このホテルなら映画スターと会う機会も多いだろうね」

「そうですね」ベルボーイはそう言って、有名なスターの名を何人か挙げた。「でも、これまでお手伝いしたお客さまのなかでいちばん印象に残っているのは、今回いっしょにお泊まりのハリーさんです。わたしに名前をたずねたお客さまははじめてでした」

ハリーは「いま、目の前にいる相手」に注意を向けることの大切さをいつも意識しているので、そうではない人がいれば気づく。ある日、注文していた本を受け取りに大型チェーンの書店に行ったときのことだ。サービスカウンターの列に並んで待っていると、女性客があわてた様子で店員に相談しているのが聞こえてきた。「子供のころに好きだった本を姪に買ってあげようと思って、さがしているんです。急いでいて申し訳ないんですけど、今日が姪の誕生日でパーティに遅れそうで」

男性店員はわずかに視線を上げ、平板な調子でたずねた。「何という本ですか」女性は書名を伝え、店員は端末に入力する。しばらくして男性は答えた。「うちには在庫がないですね」

「ほかに何かおすすめはありますか」女性はあせりをにじませてたずねた。

店員は店の奥を指さし、そっけなく告げた。「あちらに児童書コーナーがあります」

女性はさっと向きを変え、店の出口へずんずん進んでいった。「ご親切にどうも」と皮肉を言いのこして。店員は気づかなかったのか、「つぎのかた、どうぞ」と呼びかけただけだった。

店員はべつに失礼だったわけではない、とハリーは考えた。でも、お客に注意を向けて
いたとも言えない。たまたまいやなことがあった日だったのかもしれない。いや、でも自
分がふきげんなのをお客に押しつけていいわけじゃない。仕事がつまらなかったとか？
それもお客のせいじゃない。何かぼくにできることがあるかもしれない、とハリーは思っ
た。「注意を向ける」ことについて少しアドバイスすべきだろうか、するとしたら何と言
えばいいだろうか。ハリーは列に並んだまましばらくじっと考えた。

そして順番がきて、用件を伝え、頼んでいた本を店員から受け取った。一瞬、このまま
去ろうかとも思ったが、できるだけていねいな口調でこう切り出した。「ちょっとした建
設的な意見があるのですが、お伝えしてもかまわないでしょうか」

店員は急に言われて驚いた様子をみせたが、「どうぞ」と答えた。

「さっき、姪御さんにプレゼントする本をさがしていた女性がいましたよね」

「ええ、調べたけどうちには置いてなかったんです」店員はやや言い訳するように説明した。

「そうですよね。でも、もしもっと彼女のために注意を向けていたら、どうでしょう。こんなふうに言ってあげられたかもしれません。〝残念ながらおさがしの本は当店にはないのですが、こうしてはどうでしょう。その本がどんな本か、少しお話ししてもらえますか？　それと、姪御さんはおいくつでしょう？　そうしたら端末で調べて、三、四冊ほど一緒に選んでみましょう。パーティへお急ぎでしょうから、こちらで手分けしてすぐにおもちします。姪御さんにすてきな本が見つけられると思いますよ〟

それか、ちょうどいいほかの本が見つからなければ、別の形で贈りものができないか提案してみてもいいですよね。しおりをプレゼント用の袋に入れて、おすすめの本について書いたメモを添えて渡しておいて、その本が数日後に郵便で届くように手配するとか。そうしたらあの女性も、このお店とあなたのことを誕生パーティで話したかもしれませんよね、こんなことがあったんだよ、って。さきほどの感じだと、もしかしたら彼女はもうお店に来てくれないかもしれません」

　店員はぽかんとして立っていた。「とにかく、聞いてくださってありがとうございました」ハリーはそう言ってその場を離れた。話をしたことで何か意味はあったのだろうか、と思いながら。それから二〇分ほど本を見てまわり、そろそろ帰ろうかと出口へ向かうと、ふと肩に手がおかれたのに気がついた。さきほどの店員の男性だ。店員はハリーの手を取り、気持ちをこめた口調でこう言った。「さっきのお話、ありがとうございます。おかげで、これまで見ていなかったことに目を向けて仕事ができそうです」

　帰りの車を走らせながら、注意を向けることがなぜそれほど重要なのだろう、とハリーは考えをめぐらせた。日々の仕事では、同じような業務、同じようなやり取りがくりかえされる。でもそれは毎回すべてちがう。なぜか。お客は一人ひとりちがうし、お客が求めるものも一人ひとりちがうからだ。先の店員が、問い合わせをした彼女を「姪に贈るとっておきのプレゼントをさがしている女性」として見ていれば、もっと助けになろうとする態度を選んでいたのではないだろうか。そうすれば、もっと遊び心と創造力を発揮してお客の手助けができ、喜んでもらえたはずだ。

ハリーは《フィッシュ！》についてはじめて聞く人に、その哲学をこう説明している。

それまでは気がつかなかったような、人の力になれる機会に気づかせてくれるのだ、と。

従業員はともに仕事を楽しむ「トライブ」

そのブランドは、アメリカでも有数の知名度を誇るといっていい。過去二〇年で売上は四倍近くを記録、会社の時価総額は二億五〇〇〇万ドルから二〇億ドルにまで伸びた。市場はほかに例をみないほど飽和状態にあり、先進地域の多くで九割以上のシェアを占める。直近の二〇年では複利一五パーセントの年成長率を株主に報告している。

あなたの家にもこの会社の製品があるかもしれない。といっても、アップルでもグーグルでも、アマゾンでもない。WD - 40、浸透性防錆潤滑剤だ。

ＷＤ－40社はいかにして長年これだけの成功を維持しているのか。そこには、「トライブ」と呼ばれる従業員（トライブは部族の意）が最高の力を発揮し、最高の自分であろうとする企業文化がある。ＣＥＯのギャリー・リッジは二〇年以上にわたり会社を率いてきた。社員が喜んで仕事をしたくなり（従業員調査では九九パーセントがこの会社で働くことを誇りに思うと回答している）、信頼を最重要事項と位置づける（九割以上が経営側を信頼していると回答）環境づくりがいかに大切かをリッジは理解している。

ＷＤ－40社を動かすのは、四つの柱のもとに集まった恐れを知らないトライブ、つまり従業員たちだ。リッジはその柱をつぎのように定義している。

・人を重視（Care）――社員は自分より大きなものに貢献し、仕事を終えたら満足した気持ちで家へ帰る
・率直さ（Candor）――うそ、捏造、隠ぺいのたぐいは当社には存在しない
・結果に対する責任（Accountability）――リーダーもその下で働く人も仕事の結果

に対して対等に責任をもつ、双方向の体制

・実務に対する責任（Responsibility）――トライブのメンバーはみな「だれが担当？」と問われたら「わたしです」と答える

《フィッシュ！》哲学を活用している企業や組織の多くがそうだが、WD‐40社にも職場を楽しい場所にする企業文化がある。ロビーにティピーと呼ばれる三角屋根のテントを設け、気軽な打ち合わせや対話に使っている。仕事には真剣に取り組むけれど、かたくるしい態度になりすぎないようにしているのだ。取引のある業者や同僚をはじめ、仕事でかかわるすべての人に対して気軽に楽しく接し、ポジティブな記憶をつくっていく。

トライブのメンバーはよく考えて適切な態度を選ぶ。会社の未来と、自分がそれにどう寄与できるかを楽しみにしているからだ。互いに相手にしっかり注意を向けている。互いの貢献をたたえあい、相手の意見を大切にし、相手を喜ばせる。

従業員たちは、やっている仕事がちがうだけでみんなが対等な立場だと受けとめている。

おもしろいヒエラルキーのとらえかただ。ひとつのトライブの一員として、お互いを気にかける務めがある、という信条をもっている。互いに支えあうからこそ、この先もほかに負けない会社にしていこうという自信と意欲をもつことができる。

WD-40社がかかげる価値基準をそっくりまねしなくても、彼らの考えかたを取り入れることは可能だ。《フィッシュ!》の哲学は働く人と所属するコミュニティとの関係を強くしてくれる。

WD-40社が成長をつづけるなか、トライブのメンバーたちは今日も楽しく仕事場へきて、《フィッシュ!》の哲学を実践し、喜びと成功を体験している。

世界に通じる《フィッシュ！》カルチャーをつくろう
――実践の手引き

はじめに

『フィッシュ！』の刊行から二〇年、わたしたちは世界のさまざまな町を訪れ、数多くのイベントで講演する機会に恵まれてきた。わたしたち自身、みなさんの革新的な取り組みから多くのことを学んできたし、なかにはこれまで信じられてきた通説とは異なる発見もあった。それでも、《フィッシュ！》の哲学が文化の前向きな変化をどのように引き起こすのか、さらに掘り下げる必要性を感じていた。

その機会が訪れたのは、オーストラリアで大学の客員教授をつとめるスティーヴという男性が、高齢者向け介護サービスを提供する大手非営利団体、ブルーケアに《フィッシュ！》を導入したときだった。彼の働きかけのおかげで、ブルーケアは「いい仕事をしている組織」から「高齢者・障害者向けサービスの提供者として世界クラスの模範」へと変化をとげた。

ここではブルーケアの取り組みを九つのステージに分け、同じようなゴールをめざす人の手引きにしてもらえるよう紹介する。あなたの職場やチームで《フィッシュ！》を実践し、活用していく際に役立つはずだ。これを読んだみなさんが、ご自身の《フィッシュ！》カルチャーをつくってほしい。

ステージ1　めざすゴールに《フィッシュ！》を結びつける

ブルーケアでは新しい介護のモデルとして「テーラーメイド」を導入した。一人ひとりちがう利用者のニーズにブルーケアとして応えていくにあたり、仕立服のように相手に合わせていこうとするモデルだ。この「相手中心」型アプローチでは、スタッフは利用者ができるだけ選択の自由と自立を確保できるよう、積極的に方法をさがす。そして身体的なニーズだけでなく、利用者の感情面、社会面のニーズにも応えるよう努めた。

このケアモデルは、規則や手順、行動マニュアルなどをもとに進めようとしてもうまくいかないことはわかっていた。スタッフが自分のすべてをもって仕事にあたろうと思えてはじめて機能するものだ。

管理職の女性のひとりがワークショップに参加して《フィッシュ！》を知り、これは使えるのではないかとひらめいた。「テーラーメイドモデルの基礎になるような、《フィッシュ！》の理念に根ざしたカルチャーを築いたらどうだろう？」やってみようという意欲がむくむくとわいてきたが、彼女は進めかたを考える賢明さももちあわせていた。まずは賛同してくれる仲間が必要だと思ったのだ。

・確固とした意欲が組織の文化を変える第一歩になる。

ステージ2　《フィッシュ！》推進チームを募る

一万一〇〇〇人のスタッフをかかえる組織では、変化をめざすアイデアがめばえたら、幅広い支援の基盤をつくることが必要になる。そこで、ブルーケアは《フィッシュ！》エージェントと呼ばれる役割を設けた。

エージェントにはあらゆる立場と勤務地のスタッフが加わった。意欲と熱意で他者を動かし、関心を向けてもらうことのできる、天性のリーダーたちだ。

《フィッシュ！》エージェントたちは参加を要請されたわけではない。ボランティアを募ったところ手を挙げたメンバーだ。ほどなく《フィッシュ！》実践に向けた計画と方針の話しあいがはじまった。

だれであれ、《フィッシュ！》の導入にあたっては「ボランティア」という点が欠かせない。《フィッシュ！》は哲学だからだ。人に哲学を強制することはできない。あなたが提案するものに相手が価値を見いだしてこそ、いっしょに取り組もうといえるのだから。

・文化を変えていくプロセスを引っ張るチームをつくろう。

ステージ3 《フィッシュ！》キャンプとブルースイマーたち

《フィッシュ！》キャンプを開催し、スタッフは強制ではなく自由意志で参加した。結果、好奇心があり、新しいことを受け入れる心をもつ人たちが集まった。

ブルーケアではキャンプの参加者をブルースイマーと呼んだ。ブルースイマーたちは《フィッシュ！》哲学を学び、これをどう実践すればテーラーメイドという理想のケアの実現に近づけるかを検討した。話しあったのは、例えば「これまで業務ととらえていたことを、どのようにして利用者を喜ばせる機会に変換していくか」といった実践的な問いだ。《フィッシュ！》キャンプでは、変化のプロセスを参加者にゆだねた。一方的に答えを与えるのではない。自分たちで問いをたて、チームとしてまた個人としてどうビジョンを形にしていくのか、創造力を働かせて探求していった。

キャンプには一回に一〇〇人くらいが参加してくれればいいなとエージェントチームは予測していた。ところが実際はその読みをはるかに上回り、《フィッシュ！》哲学のうわさが広がるにつれ、多いときで八〇〇人が参加した。釣りのかっこうで参加した人も多く、楽しい雰囲気はさらに増した。キャンプの最終回を終えたとき、研修を受けたブルースイマーは実に五〇〇〇人にのぼっていた。

それぞれの持ち場へもどったスタッフは、それぞれが自分の手で主体的に組織の文化をつくっていこうとの思いを抱いていた。

・門を開き、選択肢を示して文化を変えるきっかけをつくれば、あとは広がってゆく。

ステージ4　《フィッシュ！》マスタークラス

《フィッシュ！》キャンプから数カ月後、エージェントたちは《フィッシュ！》マスタークラスと名づけたセッションを二回にわたり開催した。せっかく生まれた勢いを維持し、学んだことや考えかたを補強するのが目的だ。

クラスでは、ブルーケア内で《フィッシュ！》にふさわしい職場の例を紹介した。そして達成できた成果をスタッフ同士で話しあい、《フィッシュ！》が利用者や職場の仲間、そして自分自身にどんな影響をもたらしたのか、体験を共有した。

マスタークラスに参加したスタッフは、互いの話を聞いたり写真を見たりするうちに表情が輝きだし、自分の職場ではどんなことができるだろうと思いをめぐらせたのだった。

・実際のストーリーを語り、ほかの人が自分も取り組みに加わってみようという気持ちになれる場を設けてみよう。

ステージ5　スターフィッシュ

《フィッシュ！》を長期的に根づかせるためには、毎日の会話のなかで自然に出てくる状態にしなくてはいけない。これを達成するための旗振り役として、ブルーケアではスターフィッシュ（ヒトデ）という役割を設けた。スターフィッシュはそれぞれの職場を《フィッシュ！》の精神が息づく環境にするべく、率先して動く役回りだ。スタッフを巻きこむために実践したアイデアの例を挙げてみよう。

1　働く人が「自分の職場は理解がある」「元気がわいてくる」と思える雰囲気をつくる

2 周囲の声に耳をかたむけ、「話を聞いてくれる人」と思ってもらえる人になる
3 《フィッシュ！》の実践を通してたえず向上していけるよう、互いに教えあう
4 《フィッシュ！》を取り入れてポジティブな変化が起きた例を見つけ、共有する
5 《フィッシュ！》の哲学を実践した人がいれば、その行ないを認めて評価する（あるチームでは毎月その月にいちばん《フィッシュ！》らしい行動をした人を選んで、ビニール製のトロフィーを贈ることにした）
6 いつも《フィッシュ！》を念頭におけるよう、遊びを取り入れた楽しい企画やイベントを考える
7 《フィッシュ！》は終点ではなく長期的につづけてゆく取り組みであり探求であることを、受け入れてくれるすべての人に伝える
8 《フィッシュ！》にまつわる体験談を積極的に話してもらうようううながす
9 何か新しいことができないかいつも目をくばり、状況を確かめながら、エネルギーを発揮する方法をさがす

・《フィッシュ！》カルチャーを引っ張ってくれる人を見つけ、組織のなかで自由に動いてもらおう。

ステージ6　めざすビジョンを明確に

ビジョンが明確なら、実行されている例があれば目に見えるし、実践できる場がほかにもあれば気づくこともできる。ブルーケアが《フィッシュ！》の原理に根ざしてかかげたテーラーメイドのビジョンは、相手を中心に考えた介護サービスをどう実践するかについて、スタッフに新たな視点のヒントをくれた。

スタッフが目の前にいる利用者と目の前の状況にもっと意識して注意を向けたところ、利用者の生活をより楽しく有意義にできそうなアイデアを自由に取り入れて遊んでみる、という態度を選ぶようになったのだ（ここで《フィッシュ！》の四つの原理が関連しあっていることに気づいてもらえただろうか）。

これが、創造性のある、相手を中心に考えたアプローチを引き出した。例えばこんなケースがある。利用者のなかに、ときおり不安や緊張で落ち着かなくなり、介助が難しくなる男性がいた。男性は現役時代に配管工をしていたことから、施設のメンテナンスの業務を手伝ってもらうように手配をした（安全を考え、きちんとスタッフが見ているところで「仕事」にあたってもらった）。すると男性はぐっと落ち着きが増してうれしそうになり、介助する側もしやすくなった。

昔は音楽をやっていたという別の男性が食事の際に落ち着きがなくなってしまったときは、投薬ですませるのではなく、ＭＰ３プレーヤーとヘッドフォンを手渡した。すると男性の様子はがらりと変わった。笑顔になり、足でリズムを取りながら楽しそうに食べてくれたのだ。

記憶機能の低下がみられる入居者で、料理上手な主婦だった女性の場合は、スタッフが考えてエプロンと子供服、ぞうきんを渡した。女性は毎朝、職員と一緒に自分のベッドを整え、物干しスタンドに服をかけ、掃除もした。ちゃんと目的のある作業をこなすことで、女性はより満足して日々を過ごせるようになったのだった。

認知症のある入居者に対しては、さらに意識して日常に遊びを取り入れている。パフォーマーを招いて小道具や楽器を使ったアクティビティを行ない、入居者にも参加してもらったところ、それまで反応にとぼしかった人が一緒に歌ったり踊ったりする場面もたびたびあった。入居者にいまの気分を「気分チャート」であらわしてもらうと、アクティビティのあとは楽しい気持ちが高まる傾向もみられた。転倒も減り、抗精神病薬の使用も激減している。

・一人ひとりがビジョンを自分にあてはめ、日々の生活で実践するようになったとき、文化の変化は定着する。

ステージ7　どんな自分になるか

《フィッシュ！》の考えかたは、いまやブルーケアの考えかたとして定着した。数百を数えるブルーケアの拠点では毎日、どうすれば利用者にとってよりよいサービスを提供できるかが話題にのぼる。こうした話しあいの大半が《フィッシュ！》哲学に関連するものだった。《フィッシュ！》は新しい基準、つまり日常になったのだ。

新しい基準で大事なのは、ビジョンの基盤にある概念を理解することだ。わたしたちは何かをするとき、同時になんらかの自分に「なる」ことを選ぶ。「なる」とは、自分がどんな人間としてふるまうかを意味する。「何をするか」はひとつの側面であり、どんな仕事をこなすかをさす。もうひとつ、その仕事をこなすときに「どんな人間でいるのか」という側面があるわけだ。例えばゆったり構えるという選択肢があるのに、かたくるしくふるまう必要があるだろうか？　気長にじっくり構える選択肢があり、そのほうがずっと気分もいいはずなのに、いらいらした態度を選ぶ必要があるだろうか？

《フィッシュ！》哲学を実践する鍵は、人生でさまざまな挑戦に向きあうとき、どんな態度で臨むのかを意識して選ぶことにある。その選択が前向きな変化を引き起こした顕著な例が、ブルーケアのある介護サービスステーションだった。

その施設は建物こそ年季が入りややくたびれていたものの、一歩なかへ入れば、実に《フィッシュ！》の理念にみちたいきいきした空間だった。だれもが受け入れてもらえている感覚、楽しさ、笑い、友好的な人間関係が確かにそこにあると実感できるのだ。

二〇年にわたってここで働いていたスタッフがグループ内の別の施設へ異動したとき、そのことは顕著にあらわれた。利用者もスタッフも不安を覚えるのではないか、と思うかもしれないが、そんな心配はあたらなかった。みんなが《フィッシュ！》の哲学を身につけていたからだ。

どの施設でも《フィッシュ！》を取り入れて重視するようになってから、会話はポジティブなやり取りへと変化した。昔から根づいていた古い習慣から抜け出したスタッフも多い。《フィッシュ！》が変化をもたらすと、スタッフの病気欠勤が少なくなったほか、労災関連の申し立て、チーム内の好ましくない力関係、士気の低下、スタッフと利用者からの苦情がいずれも減った。一方、ミーティングに加わるスタッフの数もスタッフ同士が協力する場面も、目を見張るほど増えたのだった。

・どんな自分になるのか、態度を自分で選ぶとめざましい結果が生まれる。

ステージ8　ビジョンを行動に移す

よりどころとなる明確なビジョンをもっていれば、それが実行されている実例に気がつくことができる。ブルーケアでは、《フィッシュ！》の文化に支えられたテーラーメイドというビジョンのもとで、スタッフが相手中心型のケアを実践するために効果的な方法を見つけていった。

あるスタッフはシニア女性の利用者に、どうしたら毎日の生活がもっとよくなると思うかたずねてみた。女性の答えは「もう少しだけ長い時間そばに座っていてもらえますか」

というものだった。注意を向けるというシンプルな行動が、寂しいと感じるか大切にされているると感じるかのちがいを生むのだ。

これはほんの一例にすぎない。《フィッシュ！》が変化を起こした結果、ブルーケアでは日々、利用者とスタッフの間に数えきれないほどの交流がある。

時がたつにつれ、《フィッシュ！》はひとりでに歩きだすようになっていった。そうなると、エージェントたちが《フィッシュ！》らしいストーリーを見つけるのが難しくなってきた。《フィッシュ！》が生きかたそのものになったため、この場面がそうだとあえて認識するのが難しくなったのだろうとエージェントたちは思いいたった。新しい日常として定着していたのだ。

スタッフと利用者の会話、スタッフと利用者家族の会話も変化した。《フィッシュ！》の原理をあらわした掲示や飾りつけをきっかけに、その実践が意味するところについての会話がたびたびはじまった。《フィッシュ！》哲学の目的を利用者や家族に説明するたび、ビジョンを実現していこうというスタッフの気持ちは強くなるのだった。

・明確なビジョンがあれば、スタッフが《フィッシュ！》の実践に貢献する言動に気づくことができる。

ステージ9　認め、たたえあう

お互いをたたえあうことは、《フィッシュ！》の精神を維持していくのに欠かせない。人間はだれでも感謝され評価されたいものだ。行為そのものだけでなく、行動したときにどんな態度でいたかまでをお互いにたたえあえば、もっと行動しようという気持ちにさせてくれる。みんなで共有しているコミットメントを再認識させてくれるのだ。

人を認めるのは、自分を認めてもらうのと同じくらい気分のいいものだ。信頼がはぐくまれ、自信をもって共通の目的に向かい課題に取り組んでいく力をチームに授けてくれる。

・《フィッシュ！》に根ざした文化の変化は、たたえあい認めあうことによって前進し、深められていく。

《フィッシュ！》の文化を育てるリーダーになるために
――リーダーシップレッスン

はじめに

《フィッシュ！》探求の旅をはじめた当初、リーダーシップや変化に関してある程度の考えはもっていたのだが、ほどなくしてもっと別の気持ちのもちようが必要だと気がついた。自然にわき出るエネルギーが求められる以上、リーダーシップにも新しい形のありかたが必要になる。

レッスン1　自然にわき出るエネルギー

《フィッシュ！》の原理を実践している組織がその文化の何を魅力ととらえているかというと、真のエネルギーがあり、それが顧客にも影響する点だという。わたしたちはこれを自然にわき出るエネルギー《ナチュラルエネルギー》と呼んでいる。

内からわくエネルギーは、従来のリーダーシップで使われてきた手段では引き出せない。要求する、指示する、統制するといったやりかたでは扱えない。惜しみなく与えることはできるが、強制的に引き出せるものではない。自然にわき出るエネルギーを生かしたいとリーダーが考えるとき、それを引き出すためのツールはこれまで一般的だった手法とはちがうし、私たちの経験からみても、ビジネススクールでもほとんど取りあげられていない。

内からわくエネルギーを引き出すツールとは、例えば手本を示す、気づきのヒントを示す、対話する、支える、共有するといった行動だ。相手への信頼、偽りのない真摯な姿勢、誠実さ、正しい価値基準のもとでリーダーシップを発揮すれば、結果としてエネルギーは自然にわき出てくる。

《フィッシュ！》を実践するリーダーはゆるぎない文化を築き、それにともなって自然にわき出るエネルギーを引き出す。

レッスン2　変化を起こすのは上からとは限らない

「組織の上層部からでないと変化は起こせない」と考える人は多い。だが《フィッシュ！》に取り組んできた経験からすると、必ずしもそうではない。確かに、大局的なビジネス戦略となれば、経営陣や役員会のメンバーでなければ変えることは難しいのが現実かもしれない。でも、組織の風土や文化、人間味、相手の尊重、思いやり、そしてこと《フィッシュ!》の哲学に関しては、組織の中間層にいる人や、場合によっては現場に立つ人が変化を起こした例を数えきれないほどみてきた。
　レッスン1ともつながるが、変化を起こすために何より説得力があるのは、自分が例を示すことだ。《フィッシュ!》哲学の核は、どんな自分で毎日を生きるかにある。自分に忠実で、人の声に耳をかたむけ、相手を喜ばせようと心をくだき、気持ちのいい態度で接し、遊び心をもっている――そんな人が近くにいれば、まわりにも同じ気分が広まってゆくものだ。

組織の文化を変えたいと思ったら、どこからでも変えられる。リーダーはふさわしい態度でそれに応え、変化を後押ししよう。

レッスン3　必要なものは一人ひとりのなかに備わっている

高齢者介護サービスの厳しい現状については世界の国々で多くの人が認識していて、現場でリソースが足りていない、公的な予算が削られているといった反応が必ず出る。「もっと人材が必要だし、施設も改善しないと」という声は、確かにそのとおりなのかもしれない。

ただ、ある場所がどのように感じられるかは、そこで働く人がどんな態度で臨んでいるかの結果でもある。

介護施設で暮らす利用者の生活の質を決めるもっとも大切な要素は何かというと、そこで働く人が選ぶ態度だ。まわりに害を与えるような態度を選べば、害を与えるような環境になる。遊び心ある態度でいれば、遊び心ある環境になる。こうした態度はリソースを消耗して疲弊させることなく、大切に使うことにつながる。

ブルーケアで変化が起きた背景には、リソースが削減され要求は増えるという現実があった。介護施設における生活の質は、働くスタッフの選択によって決まる部分が大きいと言える。

《フィッシュ！》を生かすリーダーはすぐれた環境をつくり出す。

レッスン4　遊びはみんなが満足するための強い味方

《フィッシュ！》に関する書籍や映像を制作するにあたって、「遊び」の語を使うことには抵抗があった。通常、「遊び」は「仕事」と対立する位置づけと考えられているからだ。わたしたちが「遊び」という言葉を選んだのは、それがエネルギーを生み出すからにほかならない。エネルギーがあれば、それをうまく生かして物事にあたれる。遊びを取り入れて楽しむことはひとつの態度なのだ。

働くならどんな環境で働きたいかをたずねてみると興味深い。まじめな雰囲気がいいか、楽しい雰囲気がいいかといえば、大半の人は楽しいほうがいいと答える。仕事に真剣に取り組むのはいいが、自分に厳粛でありすぎる必要はない。

自分に対してつねに厳粛でいると、すぐに息苦しくなってしまうものだ。実際、私たちが見てきたなかでも、遊びが一切ない環境には必ず息が詰まってしまう感じがあった。また、イノベーションを生み出す会社には必ず明るく楽しむ空気がある。まじめでかたくるしいと硬直してしまい、革新的なアイデアが生まれるのをはばんでしまう。人はだれでも、自分らしくいられて、貢献できていると感じられ、そうしながら自分も楽しくなれる、そんな場所を求めている。

《フィッシュ！》を生かすリーダーはみずから模範を示す。

レッスン5　変革は対話のたびに生まれる

ブルーケアの変革はティッピングポイント（転換点）を迎え、変化をみずから実行する人が傍観している人を上回るようになった。こうなると流れは簡単には止まらない。

この変革は、新たなリーダーが組織のてっぺんで権力を振りかざし、下々の者たちにこうしろと指示を出して、さもなければひどいことになるぞと脅した結果として起きたわけではない。

組織の文化における変化は対話のあるたびに生まれ、ずっとくりかえされていく。大事なのは一貫したメッセージを継続して伝えていくことだ。どうすればできるのだろうと思うなら、まず対話に耳を傾けてみよう。

《フィッシュ！》をはぐくむリーダーは対話をするたびに組織の文化を変革していく。

ディスカッションの手引き

ここでは、ディスカッションのヒントになる一五の問いを紹介する。勉強会や企業研修、部署の会議、社員同士が一緒に取り組むアクティビティなど、働く人同士が仕事について活気ある対話をする場で活用してほしい。こうした対話が、世界レベルの企業文化やすばらしい人材、そして働く人も顧客もひきつける魅力的な組織の基礎になることを、二〇年におよぶ《フィッシュ！》の歩みからわたしたちは確信している。

1　メアリー・ジェーンが魚市場の活気を実感していたとき、ロニーに「こういうエネルギーがあったら、きみのオフィスも変わると思う?」とたずねられ、「もちろんよ」と答えている(35ページ)。このようなエネルギーがあれば、メアリー・ジェーンの職場にどのようなよい影響があるだろうか。

ヒント

・エネルギーは人をひきつける。
・エネルギーは組織に貢献する意欲や熱意のある従業員がいるところに自然と生まれる。
・エネルギーがあると職場にいるのが楽しくなる。

2　魚市場でロニーから話を聞いたメアリー・ジェーンは、手帳につぎのように書いている。「仕事そのものは選べなくても、どんなふうに仕事をするかは自分で選べる」(40

ページ）メアリー・ジェーンはこれにどんな意味をこめたか。また、あなたは同意するか。

ヒント

・自分にいまあるものを最大限に生かす。
・選ぶ機会を生かせたら、どうなるだろうか。

3　ロニーはメアリー・ジェーンにつぎのように言っている。「《フィッシュ！》には四つの要素があるけど、いちばんのポイントはいま言ったことだ。態度を選ぶことをしないと、それ以外のことは時間の無駄だ」（44ページ）態度がそれだけ重要なのはなぜだろうか。みんなの態度がそれぞれちがっていてもうまくいくだろうか。

ヒント
・だれもが選べる。
・みんなが同じ態度で臨まなくてもいい。
・感じの悪い態度では遊ぶことはできない。

4 月曜日の朝、週末が終わってしまい愚痴をこぼす三階のスタッフを前に、メアリー・ジェーンは態度を選ぶことについてどのように話そうかと考える（61ページ）。人が他人の態度を変えることはできるのだろうか。うまく態度を選ぶように人を導くことはできるのだろうか。

ヒント
・態度を選ぶことは毎日できる。
・自分の感情をうまく扱えるようになろう。

・ほかの人が自分の仕事の意義に気づけるよう、力になろう。

5　「ごみ溜め」で働く社員のひとりはつぎのように発言している。「活気があろうがなかろうが関係ないじゃないか。仕事はちゃんとやってるんだから」（63ページ）活気やエネルギーが重要なのはなぜだろうか。それはどのように仕事のパフォーマンスに影響するだろうか。

ヒント

・活気や熱意がないことに最初に気づくのはお客や取引先である。
・エネルギーがなければ、意欲をもって仕事にあたるのは難しい。

6　ロニーはメアリー・ジェーンに、遊びを取り入れて楽しく仕事をすることの大切さを説明している（73ページ）。遊ぶことにはどんな効用があるだろうか。遊びは仕事や商売にどうプラスになるだろうか。

ヒント

・真剣な仕事を楽しくやることはできるだろうか。
・「仕事をせずに遊ぶ」のではなく、「遊びを取り入れて仕事をする」
・遊びは創造力を刺激する。
・遊ぶと時間が早くすぎる。

7 よい仕事環境に必要な要素は何かを挙げていくにあたり、ロニーはメアリー・ジェーンに魚市場でどんなことに気づいたかとたずねる。「いちばん印象に残ってるのは何だい?」(76ページ)ときかれたメアリー・ジェーンは、店員たちがみんなを参加させていっしょに楽しませていた様子だと答えた。つまり店員たちは人を喜ばせていた。だれかを喜ばせるにはどうしたらいいだろうか。それにはどんな効用があるだろうか。だれかを喜ばせることができたら、どんな気持ちになるだろうか。

ヒント

- ・ここだけのユニークな体験を顧客に提供する。
- ・お客にも楽しいことに参加してもらう。
- ・顧客に「あなたのところで頼むと（買うと）気分がいいね」と言わせてみる。

8　ロニーにうながされ、魚市場の店員が働く様子を観察してみたメアリー・ジェーンは、店員が目の前の客にしっかり注意を向け、世界でいちばん大切な相手かのように接していることに気づいた。ロニーはこの要素を「注意を向ける」と呼んでいる（78ページ）。仕事をするとき、相手に注意を向けることがなぜ大切なのだろうか。注意を向けなければどうなるだろうか。またそれはなぜか。

ヒント

・相手に注意を向けなかった事例を挙げてみよう。注意を向けるためには、どうすればよかったのか考えてみよう。

・現代の電子機器類は、顧客や働く仲間に真に注意を向けるにあたってどんな影響を与えているだろうか。

9　ロニーはメアリー・ジェーンが気づいたことを三階のスタッフと共有し、みんなを魚市場につれてきて自分の目で見てもらうといい、とアドバイスしている（80ページ）。これはなぜだろうか。みんなが参加するとチームにとってどんなメリットがあるだろうか。それにより物事が停滞する可能性はあるだろうか。またそれはなぜか。

ヒント

・チームみんなの集合知を生かす。

・チームが出したアイデアにはチームで責任をもつ。

10　魚市場を見学した三階のスタッフたちはつぎのような反応をみせた。「ぼくたちは魚を売ってるわけじゃないからな。投げるものがないし」「あれは男のやること」「われわれの仕事はつまらない」（88ページ）投げるものがなくてはいけないのだろうか。同じように前向きなエネルギーを生むにはどんな方法があるだろうか。

ヒント

・あなたの職場でできるやりかたを探してみよう。
・めざすのは競争相手の二番煎じではない。
・本質的なポイントは何かを投げることではない。

11　どうすれば自分たちの会社をすばらしい仕事環境にできるか考えているとき、スティーヴは「ウルフの選択の話をきいて、自分は仕事についてどんなふうに話すことを選ぶのか考えさせられた」と言っている（99ページ）。仕事をしているときにどんな自分でいるかは本当に選べるだろうか。またそれはなぜか。

ヒント

・魚市場のまねをしようとしない。
・自分にないものではなく、自分がもっているものに目を向けてみる。

12 〈遊びのチーム〉が挙げた「遊びの効用」（106ページ）は、あなたの職場にもあてはまるだろうか。あてはまる場合、そうでない場合、それぞれなぜか。

ヒント

・楽しいことにみんなを巻きこむ。

・つねに新しいアイデアをさがす。
・楽しいことをめぐるみんなのアイデアを尊重する。

13 〈人を喜ばせるチーム〉は社内の仕事相手にアンケートをとった結果を発表したが、ほかの部署の人たちが三階のチームと仕事をするのをおそれている、というショッキングな内容だった（109ページ）。あなたの仕事相手や顧客は、あなたと仕事をすることを喜びと感じているだろうか。またそれはなぜか。

ヒント

・仕事相手や顧客に会うときはわくわくした気持ちになってみる。
・人を喜ばせることは、サービスや商品のリピーターを生むすばらしいきっかけになる。
・顧客体験はみんなが助けあってつくり出すもの。

14 〈注意を向けるチーム〉はつぎのような心にひびくメッセージをみんなと共有した。「過去は歴史／未来は謎／現在は贈りもの／だから現在をプレゼントと呼ぶ」（116ページ）現在に注意を向けることはなぜ大切なのだろうか。現在に注意を向けていないとどうなるだろうか。

ヒント

・「本当はこんなところにいたくない」という態度をとらないこと。
・職場がかかげるビジョンやミッション、価値観を実践する方法を見つけよう。

15 〈態度を選ぶチーム〉は、前向きな態度を選ばないと生じる影響について述べた（121ページ）。うまく態度を選ぶことはなぜ重要なのだろうか。

ヒント

・製品そのものに付随してもたらされるものは何かを心にとめる。
・感じの悪い態度の人と好んで仕事をする人はいない。

謝辞

本書がこれだけ広く読まれる本になったのは、多くの人が力を尽くしてくれたからだ。全員のお名前を挙げて感謝を伝えたいのだが、おそらく漏れてしまう方が出てくると思う。まず、お世話になった方々へ順に謝意を表したあと、なかでもとりわけ多大な貢献をしてくださった三人の方のお名前を挙げたい。

まず、これ以上ない版元に恵まれた。ハイペリオンブックス社にこれだけすぐれた才能が集まっているのは、業界にとって不公平なのではないかと思えるほどだ。わたしたちがともに仕事をする名誉にあずかった、卓越したチームのみなさんのお名前をここに記して感謝する。ボブ・ミラー、マーサ・レヴィン、エレン・アーチャー、ジェーン・コミンズ、マイケル・バーキン、マーク・チャイト、ジェニファー・ランダース、クレア・エリス、アンドレア・ホー、デイヴィッド・ロット、ヴィンセント・スタンレー、クリスティーン・プライド。そしてハチェット・ブック・グループの最高の営業部隊に特別な感謝を。

世界一のエージェントを見つけることができるとは、なんと恵まれていたことだろうか。マーガレット・マクブライド・エージェンシーは、ジェイソン・カバッシ、ドナ・デグティス、サンギータ・メータ、クリス・サウアー、フェイ・アッチンソンという最強のキャストをそろえてくれた。

世界的に有名なパイク・プレイス魚市場なしにこの本は存在しない。世界に名だたる魚市場をつくりあげ、いまもそれを続けているオーナーのジョニー・ヨコヤマとすばらしい店員のみなさんにお礼申し上げる。

チャートハウス・ラーニング社にはお世話になった。ちょっとした心づかいをたくさんいただき、それが結果的にとても大きな助けになった。なかでも的確で貴重な意見をくれたハリー・ガイスト、みごとなデザインで協力してくれたパトリック・ノースとジャッキー・ジョンソンの力は大きい。そして、考え抜かれた巧みな文章で今回新たに加えたストーリーと各セクションを仕上げてくれた、たぐいまれなる言葉の使い手、フィル・ストランドにも声を大にして感謝したい。

わたしたち三人それぞれの妻、ジャネル、メアリー、ゲイ。いつもわたしたちを見守り、夫に我慢してくれていることに感謝をささげる。

そしてなかでも多大な貢献をしてくれた三人の方のお名前を記したい。

情熱を注ぎ、経験を生かし、よりよい本をつくるために最後の最後まで一貫して意欲的に取り組んでくれた、担当編集者のウィル・シュワルベ。

経験に裏打ちされたすぐれた助言と、すばらしい序文をよせてくれたケン・ブランチャード。

そして最後に、最高のエージェントであるマーガレット・マクブライド。書き手にとってまさにかけがえのない人物だ。

ありがとう。

スティーヴン・C・ランディン
ハリー・ポール
ジョン・クリステンセン

本書は、二〇〇〇年一二月に早川書房より刊行された作品のアップデート版です。

訳者略歴

相原真理子（あいはら・まりこ）

1947年東京生まれ．慶應義塾大学文学部英文科卒．訳書にランディン他『フィッシュ！』シリーズ，レスラー他『FBI心理分析官』（以上早川書房刊），ラモット『赤ちゃん使用説明書』，テューダー他『ターシャ・テューダーの世界』，コーンウェル『検屍官』など多数．

石垣賀子（いしがき・のりこ）

翻訳者．立命館大学，ウィスコンシン大学卒．訳書にフォスリエン＆ウェスト・ダフィー『のびのび働く技術』，サザーランド『スクラム』，カディ『〈パワーポーズ〉が最高の自分を創る』，ガルシア・マルティネス『サルたちの狂宴』（以上早川書房刊）など．

フィッシュ！〔アップデート版《ばん》〕
鮮度100％　ぴちぴちオフィスのつくり方

二〇二一年三月二十日　初版印刷
二〇二一年三月二十五日　初版発行

著者　スティーヴン・C・ランディン
ハリー・ポール
ジョン・クリステンセン

訳者　相《あい》原《はら》真《ま》理《り》子《こ》
石《いし》垣《がき》賀《のり》子《こ》

発行者　早川浩

発行所　株式会社　早川書房

東京都千代田区神田多町二ノ二
電話　〇三-三二五二-三一一一
振替　〇〇一六〇-三-四七七九九
https://www.hayakawa-online.co.jp

印刷所　精文堂印刷株式会社
製本所　大口製本印刷株式会社
定価はカバーに表示してあります
Printed and bound in Japan

ISBN978-4-15-210009-2 C0034